주님의 품

지친 내 마음을
어루만지는
예수님의 치유 편지

주님의
품

김유비 지음

규장

홀로 눈물짓는
당신에게

상처로 아파하는 사람은 예수님이 멀게 느껴집니다.

숨기고 싶은 죄를 떠올리고 자신의 연약함과 부족함을 탓하면서 예수님 앞에 서 있을 엄두를 내지 못하지요.

예수님이 간절히 필요한데 그분께 나아갈 수 없어서 홀로 아파하며 눈물 흘리는 한 사람을 위해 이 책을 썼습니다.

저는 말하고 싶습니다. 당신은 혼자가 아닙니다. 당신이 예수님 앞에 설 수 없어서 무너져 절망하며 울 때 예수님이 그 자리에 당신과 함께하십니다.

예수님은 당신을 따뜻한 눈빛으로 바라보시며 따뜻한 품에 안아주십니다. 예수님 앞에 감히 설 수 없는 당신이야말로 그분의 품에 안길 준비가 된 사람입니다.

당신 안의 결핍과 왜곡으로 예수님을 오해할 수 있습니다. 예수님이 멀게 느껴진다고 그분께 버림받은 것이 아닙니다. 당신의 감정과 상관없이 예수님은 지금 여기 함께하십니다.

상처로 아파하는 당신을 예수님에게 데려다 드리겠습니다. 예수님의 따뜻한 목소리로 당신 안의 상처가 치유되기를 나는 바랍니다.

차례

2 눈물을 닦아주시는 품

3 나를 끝까지 책임지시는 품

4   상처를 치유하시는 품

part 1

사랑으로
감싸주시는

품

무거운 짐을 내게 맡기렴

나의 자녀야,

너의 근심과 걱정을 내게로 가져오렴.

편안한 마음으로
내 앞에 내려놓으렴.

네가 붙잡고 있어도
해결되지 않는단다.

아마 다른 사람들은
네가 쉽게 무너진다고 판단할 거야.
네가 약해서 넘어진다고 비난할 거야.

하지만 내 생각은 다르단다.

너는 이미 많은 짐을 짊어졌단다.
작은 짐 하나를 더하면 주저앉을 만큼
남들이 모르는 무게를 감당하고 있단다.

다리가 풀릴 만큼 무거운 짐을
혼자 감당하는 네가 안쓰럽구나.

너의 무거운 짐을 내게 맡기렴.
내 옆에 앉아 마음 편히 쉬거라.

잠시라도 어깨를 펴고 숨을 돌리렴.

여기까지 오느라
정말 애썼다.

사랑한다, 나의 자녀야.

수고하고 무거운 짐 진 자들아
다 내게로 오라
내가 너희를 쉬게 하리라

마태복음 11:28

나도 기뻐서 함께 울었단다

나의 자녀야,

네가 말하지 않아도
너의 모든 필요를 안단다.

하루하루 나를 의지하는
네가 사랑스러워서
나도 모르게 행복한 미소를 짓는단다.

걱정으로 하루를 시작하는 너에게
나의 사랑을 전해주고 싶구나.

네가 원하는 건 다른 무엇이 아니라
나의 사랑이라는 것을 안다.

너는 나의 목소리를 듣길 원했고
나의 목소리를 들으면
기쁨의 눈물을 펑펑 쏟고 일어나
밝은 모습으로 살아주었지.

나 하나로 충분하다는 너의 말에
나도 기뻐서 함께 울었단다.

나의 목소리가
들리지 않는 날에는
너를 바라보며
행복한 미소를 짓는
나를 상상하렴.

너의 상상은 허구가 아니란다.
너를 바라볼 때마다
기쁨을 참을 수 없단다.

사랑한다, 나의 자녀야.

그가 너로 말미암아
기쁨을 이기지 못하시며
너를 잠잠히 사랑하시며
너로 말미암아 즐거이 부르며
기뻐하시리라

스바냐 3:17

백 배의 결실을 얻을 것이다

나의 자녀야,

아침에 눈을 뜨자마자
급한 일에
마음을 빼앗기지 말거라.

일을 시작하기 전에
나의 목소리에
잠잠히 귀를 기울이렴.

간밤에 일어난 변화는
너의 우려보다 미비하단다.

정원에서 자라나는 꽃을
매 순간 줄자로 측정하면
꽃의 아름다움을 놓치고 말지.

너는 심고 물을 주지만
자라나게 할 수 없단다.

해와 바람은 나의 몫이야.
그러니 인내하며 기다리렴.

너의 결정은 옳고
너의 수고는 헛되지 않단다.

너의 예상보다 더딜 뿐
나의 뜻은 실현되고 있단다.

네가 울며 뿌린 씨앗은
값진 열매를 맺을 거야.

의심의 먹구름이 드리워도
네가 할 일을 해 나가렴.

무수한 시도 끝에
올바른 곳에 씨앗이 뿌려지고,
네가 예상하지 못한 곳에서
백 배의 결실을 얻을 거란다.

더 나은 방법을 찾고
계속 시도하렴.

나의 능력으로
너의 텅 빈 곳간을 가득 채워줄 거야.

사랑한다, 나의 자녀야.

눈물을 흘리며
씨를 뿌리는 자는
기쁨으로 거두리로다

시편 126:5

새 힘을 얻고 다시 시작하렴

나의 자녀야,

크고 작은 결과에 연연하지 말아라.
결과에 집착하면
가슴을 졸인 채로 살아갈 수밖에 없단다.

많은 생각과 걱정으로
네가 할 일에 집중하지 못하고
시간을 낭비하게 된단다.

일희일비하는 인생은
한없이 가벼워
바람에 날리는 흙먼지 같지.

네가 바위처럼
묵직한 인생을 살기를 바란다.

마음이 높아져서 세상이 쉬워 보이거든
말씀 앞에 바로 서서 낮은 마음을 되찾으렴.

네가 이룬 모든 건 나의 은혜로 된 거란다.

마음이 낮아져서
세상이 무서워 보이거든
나의 사랑으로 충만해지렴.

네가 이룬 성취가
네 것이 아니듯이
네가 겪은 실패 역시
네 것이 아니란다.

자책하지 말아라. 모든 건 과정일 뿐이다.

새 힘을 얻고 다시 시작하렴.
내가 널 이끌어 갈 것이다.

사랑한다, 나의 자녀야.

내가 나 된 것은 하나님의 은혜로 된 것이니
내게 주신 그의 은혜가 헛되지 아니하여

고린도전서 15:10

네가 나를 그리워하는 것을 안다

나의 자녀야,

나를 그리워하는 네 마음을 안다.

나를 처음 만난
그날의 감정을 되찾고 싶을 거야.

너의 감정이 식어버려
괴로운 시간을 보내고 있다면
내 이야기를 들어보렴.

우리가 처음 만난 그날보다
오늘이 더 소중하단다.

지금 너의 감정이 미지근할지라도
나는 서운하지 않아.

네가 나를 알지 못했던 순간에도
나는 너를 사랑했으니까.

네가 처음으로
나를 목 놓아 불렀을 때
나도 함께 울었단다.

네가 나를 찾고 부를 때
너의 감정이 아닌
나에게 집중하렴.

네 감정은 기복이 있지만
나는 한결같단다.

감정이 식었어도 괜찮아.
너를 만나는 것이
내게는 언제나 감격스럽단다.

사랑한다, 나의 자녀야.

내가 날 때부터 주께 맡긴 바 되었고
모태에서 나올 때부터
주는 나의 하나님이 되셨나이다

시편 22:10

내가 반드시 이루어 줄 거야

나의 자녀야,

쫓기듯 살아가지 마라.

네가 원하는 것을
이미 가졌다고 상상해 보렴.

모든 걸 가진 사람처럼
당당하게 행동하거라.

내게 사랑받으려 애쓰지 말고
나의 사랑을 독차지한
자녀로 살아라.

너는 나의 사랑스러운 자녀이기에
나는 따뜻한 미소로 너를 바라본단다.

내게 인정받으려 애쓰지 말고
이미 인정받았음을 믿고 받아들이렴.

너는 스스로
자격 없는 사람이라 말하지만
이미 자격을 갖추었단다.

원하는 것을 갖지 못해
쫓기듯 살아가는 너를 보면
내가 속상하단다.

네가 추구하는 걸
갖지 못한다고 해서
아무것도 아닌 사람이
되는 게 아니란다.

나는 네 안에 있고
너는 나로 인해 모든 걸 가졌단다.

모든 걸 가진 사람처럼
믿고 말하고 행동하렴.

너에겐 단지 시간이 필요할 뿐이야.

쫓기듯 불안한 삶을 살면서
오늘 하루를 허비하지 말거라.

내가 너의 소원을
이루어 줄 것이다.

사랑한다, 나의 자녀야.

근심하는 자 같으나
항상 기뻐하고
가난한 자 같으나
많은 사람을 부요하게 하고
아무것도 없는 자 같으나
모든 것을 가진 자로다

고린도후서 6:10

영원부터 영원까지 너를 사랑한다

나의 자녀야,

네가 죄로 무너져 절망할 때도
나의 사랑을 의심하지 않길 바란다.

은혜로 충만했던 시절을 그리워하고
그때로 돌아가고 싶은 너의 심정을 안다.

죄책감에 사로잡혀
나와 멀어졌다고 단정하지 말거라.

나의 사랑은
그때나 지금이나 변함이 없단다.
나의 사랑은
너의 어떠함에 근거하지 않는단다.

네가 나를 사랑해서, 너를 구원한 게 아니야.
네가 나를 사랑하기 이전부터
내가 먼저 너를 사랑했고 구원했단다.

나의 사랑에는 아무런 조건이 없단다.

나의 사랑은 온 세상이
창조되기 전부터 시작되었지.
흑암 속에서 너를 찾아냈고
선택했고 구원했단다.

영원부터 영원까지 너를 사랑한다.

내게로 나아오길 머뭇거리는 너를
당장 달려가 안아주고 싶구나.

너는 나의 모든 걸 희생해서 얻은
소중한 자녀란다.

사랑한다, 나의 자녀야.

하나님이 우리를 구원하사
거룩하신 소명으로 부르심은
우리의 행위대로 하심이 아니요 …
우리에게 주신 은혜대로 하심이라

디모데후서 1:9

강한 척할 필요 없단다

나의 자녀야,

나 없이 단 하루도 살 수 없다는
너의 말이 기쁘구나.

사람들은 종종 오해하더구나.
나를 사랑하면 더 강해져야 한다고.

그럴 때마다 나는 속상하단다.

내 앞에서까지
억지로 강한 척할 필요 없다.

내 앞에서
완전히 무너져 내리는 너야말로
세상에서 가장 강한 존재란다.

너의 무너짐은
나의 일어섬이야.

네가 무너진 자리에서
내가 일할 거란다.

두 눈으로 똑똑히 목격하렴.
나는 너의 하나님이다.

사랑한다, 나의 자녀야.

나를 위하여는
약한 것들 외에
자랑하지 아니하리라

고린도후서 12:5

사랑할 수 있는 만큼만 사랑해라

나의 자녀야,

너의 외로운 마음을 위로하고 싶구나.

다른 사람을 섬기는 삶은
원래 외로운 거란다.

나 역시도 외로웠단다.

목숨까지 내어줄 만큼
너희를 사랑했지만
내 곁에는 아무도 없었단다.

내 사랑은 기브 앤 테이크가 아니라
일방적인 사랑이란다.

나처럼 사랑한다는 말은
나와 같은 수준으로
사랑한다는 말이 아니야.

너를 위해 부탁하고 싶구나.
네가 상처받지 않기를 바란다.

나처럼 사랑하고 싶다면
대가를 바라지 말고 사랑하렴.

조금이라도
대가를 바라고 사랑하면
너의 외로움은
산불처럼 번져갈 거야.

상처받고 싶지 않다면
외로움의 작은 불씨라도
다시 확인해서 꺼뜨려야 한단다.

너 자신을 돌보며
다른 사람을 사랑하렴.

상처받지 않으려면
한계를 정해야 한단다.
돌려받지 못해도
상관없을 만큼만 사랑하렴.

작고 초라한 섬김이라고
절망하지 말아라.

나의 사랑을 받으면
너의 사랑도 점점 커질 거야.

사랑할 수 있는 만큼만
사랑하거라.

너는 이미 충분히 사랑하고 있단다.

사랑한다, 나의 자녀야.

내가 너희를 사랑한 것같이
너희도 서로 사랑하라

요한복음 13:34

네가 아닌 모습으로 살지 말거라

나의 자녀야,

너의 노력으로
나를 만족시킬 수 없단다.

율법적 습관으로
너의 믿음을 증명하려
애쓰지 말아라.

마음속 엄격한 기준으로
너 자신을 닦달하지 말거라.

은혜로 너를 구원했으니
은혜로 살아가렴.

나는 너의 반듯한 모습을 원하지 않는단다.

버림받을까 봐 두려워하는
너를 보면 마음이 아프단다.

나는 너의 됨됨이나 가능성을 보고
너를 선택한 게 아니야.

네가 너라서 사랑스럽단다.

네가 넘어지고 쓰러져도
여전히 너를 사랑한단다.

말투나 행동을 신경 쓰면서
네가 아닌 모습으로 살지 말거라.

있는 모습 그대로
너는 충분히 사랑스럽단다.

사랑한다, 나의 자녀야.

그리스도께서 우리를 자유롭게 하려고
자유를 주셨으니 그러므로 굳건하게 서서
다시는 종의 멍에를 메지 말라

갈라디아서 5:1

너의 가치를 발견하렴

나의 자녀야,

네가 이룬 무언가로
너의 가치를 평가하지 말거라.

너를 향한 다른 사람의 평가를
곧이곧대로 받아들이지 말거라.

너의 진정한 가치는
오직 나만 알고 있단다.

나의 사랑 안에서
너의 가치를 발견하렴.

너는 네가 충분하지 않다고
생각할 수밖에 없지.

내가 너를 자녀 삼은 이유는
네가 충분해서가 아니야.

너의 충분함으로는
나에게 인정받을 수 없단다.

부족하면 부족한 대로
나의 충만한 사랑 안에 거하렴.
너의 부족함은
나의 충만한 사랑으로 채워질 거야.

결핍이 아닌 은혜로 살아가렴.
내가 차고 넘치도록 부어줄 거란다.

너의 가치를 인정하거라.

사랑한다, 나의 자녀야.

그러므로 우리는 긍휼하심을 받고
때를 따라 돕는 은혜를 얻기 위하여
은혜의 보좌 앞에 담대히 나아갈 것이니라

히브리서 4:16

아무도 나만큼 너를 알 수 없다

나의 자녀야,

너의 인생에서 결정할 권리를
다른 사람에게 넘겨주지 말거라.

세상 그 누구도
너의 인생에 끼어들 권리가 없단다.

오직 나만이
너를 인도하고 이끌 수 있단다.

너의 불안한 마음을 안다.

다른 사람의 동의를 얻어야 안정되는
너의 심정을 이해한단다.

네가 진정으로 꿈꾸는 미래를 위해
일시적인 불안을 견디거라.

다른 사람을 찾아다니며
조언을 구하는 행동을 잠시 멈추거라.
온갖 조언으로
더욱 혼란스러워질 뿐이란다.

그리고 혼란 속에서
결국 알게 될 거야.

인생의 중대한 결정은
고요한 침묵 속에서 이루어진다는 걸.

아무도 나만큼 너를 알 수 없단다.

나와 대화를 나누며
너에 대해 깊이 알아가렴.

나의 사랑 안에서
진정한 너를 마주하는 것이
가장 위대한 통찰이란다.

스스로 선택하지 못하는
너의 불안은
나를 간절히 찾는 믿음이란다.

침묵 속에서
홀로
고요한 시간을 보내렴.

내가 너에게 말할 거란다.

사랑한다, 나의 자녀야.

너는 기도할 때에
네 골방에 들어가 문을 닫고
은밀한 중에 계신
네 아버지께 기도하라
은밀한 중에 보시는
네 아버지께서 갚으시리라

마태복음 6:6

내 사랑으로 평안하렴

나의 자녀야,

나는 기준을 정해놓고
사람을 찾지 않는단다.

'내 마음에 합한 사람'이라는 말은
'내 기준을 통과한 사람'이라는 뜻이 아니야.

너 자신을 '자격 미달'로 오해하며
버림받은 정서로 살아가지 말거라.

나는 아무 조건 없이
너를 선택했고 사랑한단다.

네가 실패하고 넘어져도
너를 용서할 것이고
다시 일으켜 세울 거란다.

절대로 너를 포기하지 않을 거야.
이것이 나의 은혜란다.

나의 사랑에서
이유를 찾지 말거라.
나의 사랑은
사람의 사랑과 다르단다.

너의 사랑을 증명하려
애쓰지도 말거라.
네가 나를 얼마나 사랑하는지
내가 이미 안단다.

사랑한다, 나의 자녀야.

내가 이새의 아들 다윗을 만나니
내 마음에 맞는 사람이라
내 뜻을 다 이루리라 하시더니

사도행전 13:22

완벽하지 않아도 돼

나의 자녀야,

성장이 더디다고 괴로워 말거라.

나는 네가 완벽하기를 바라지 않는단다.
엄격한 기준으로 너를 판단하지 않아.

부족하면 부족한 대로 내게 나아오렴.

나는 있는 모습 그대로의
네가 좋단다.
네 머리카락 한 올마저도
사랑스럽단다.

너의 열심으로 성장하려 애쓰면
너는 고갈되고 말 거야.

너의 사랑을 증명하려는
모든 시도를 멈추렴.

남다른 결심으로는
나를 만족시킬 수 없단다.

너를 향한 나의 사랑은
나의 희생으로 이미 입증되었지.

나는 너의 성장이 아니라 사랑을 원한단다.

네가 제자리에 멈춰 있어도
힘이 풀려 주저앉아도 상관없단다.

내가 너에게 왔고
언제나 네 곁에 있단다.

너는 나를 사랑하기만 하렴.

사랑한다, 나의 자녀야.

예수 그리스도의 은혜와
그를 아는 지식에서 자라가라

베드로후서 3:18

평안함 속에서 하루를 살거라

나의 자녀야,

아직 일어나지 않은 일로
전전긍긍하며
시간을 낭비하지 말거라.

모든 일에는 시간이 필요해.

조급한 심정으로
눈앞의 결과에 집착하면
결코 만족을 얻을 수 없단다.

너는 그 일이
당장 해결되길 바라지만
막상 해결돼도 허기진 욕망으로
또 다른 성취에 매진할 거란다.

끊임없이
다음 목표를 찾아 헤맬 것이고

단 한 순간도 마음 편히 쉴 수 없는
고달픈 인생을 살게 될 거야.

네가 멈출 수 없는 이유를
깊이 생각해 보렴.

그 안에는 너만의 결핍이 있단다.

네가 외면해 온 슬픈 과거에는
홀로 방치된 어린아이가 있단다.

하지만 두려워 말거라.
내가 너의 곁에 있다.

네가 두려워하는 미래는
절대로 현실이 되지 않을 거야.

네가 겪은 비극은
두 번 다시 반복되지 않을 거야.

안정감 속에서 계획을 세우고
평안함 속에서 하루를 살거라.

잘못될지 모른다는
두려움을 뒤로하고
잘될 미래를 꿈꾸며 나아가렴.

너의 결핍을
나의 사랑으로 채우고
너를 통해 수많은 이들을
살려낼 거란다.

사랑한다, 나의 자녀야.

내 속에 근심이 많을 때에
주의 위안이 내 영혼을
즐겁게 하시나이다

시편 94:19

오늘도 사랑스럽구나

나의 자녀야,

너의 존귀함은
성취에 따라 결정되지 않는단다.
노력으로 이룰 수 있는 것도 아니지.

너는 나의 형상을 따라 창조되었단다.
그러니 너는 존재 자체로
나에게 너무도 소중하단다.

너는 나를 닮았단다.
너를 바라보면
언제나 사랑스럽구나.

남이 정한 기준으로
너를 평가하면서 절망하지 말거라.

나는 성숙한 척하는 자녀가 아니라
서투른 자녀를 사랑한단다.

실수하여 넘어진 너를
일으켜 주기를 원한다.

속상한 날에는
나의 미소를 떠올리며 기뻐하거라.

내가 너를 사랑하듯이
너도 너를 사랑하렴.

사랑한다, 나의 자녀야.

하나님이 이르시되
우리의 형상을 따라
우리의 모양대로
우리가 사람을 만들고

창세기 1:26

무엇으로도 널 대신할 수 없단다

나의 자녀야,

나에게 와줘서 고맙다.
내게 오기까지 얼마나 힘들었니!
내가 너의 진심을 안다.

죄책감으로 고통받던 지난날을 뒤로하고
나의 사랑으로 평안하렴.

사람들은 너를
과거의 시선으로 바라볼지 몰라.
너의 모든 잘못을
낱낱이 기억하고 비난하는
그들 앞에 서기가 두렵다는 걸 안다.

그러나 두려워하지 말거라.
나는 너를 진심으로 사랑한단다.

내게로 나올 때 망설이지 말거라.

나는 이미 너를 용서했기에
아무것도 기억나지 않는단다.

너는 내게 보답하고 싶겠지만
나는 이미 가장 좋은 것을 받았단다.
나를 기쁘게 하는 건
네 손에 들린 무엇이 아니라
바로 너 자신이란다.

내게는 값비싼 향유보다
너의 눈물이 값지단다.
무엇으로도 너를 대신할 수 없지.
나에겐 오직 너뿐이란다.

사랑한다, 나의 자녀야.

그 동네에 죄를 지은 한 여자가 있어 …
향유 담은 옥합을 가지고 와서
예수의 뒤로 그 발 곁에 서서 울며
눈물로 그 발을 적시고 자기 머리털로 닦고
그 발에 입 맞추고 향유를 부으니

누가복음 7:37,38

무한한 자원을 공급할 거란다

나의 자녀야,

감당할 수 없는 일을 만나거든
주저하지 말고 나를 찾으렴.

내가 새로운 힘과 능력을
끊임없이 공급해 줄 거란다.

현실을 돌파하는 능력은
나에게서 온단다.

네가 무얼 할 수 있는지
가늠하는 것에서
너의 사고를 멈추지 말거라.

네 안에는 내가 있단다.

우리의 깊은 상호작용 속에서
너는 무한한 자원을 공급받을 것이다.

같은 곳을 바라보고
같은 속도로 걷고
같은 리듬으로 호흡하자꾸나.

너를 압도하는 현실보다
현실을 바라보는
너의 관점에 집중하거라.

상황이 어려울수록
마음을 지켜내렴.

'넌 할 수 없어'라는
결핍의 목소리를 향해
나의 능력 안에서
모든 것을 할 수 있다고 선포하거라.

너를 압도하는 현실은
저절로 바뀌지 않는단다.

내면에 집중하고
관점을 바꾸고
내게 공급받은 능력으로
현실을 변화시키렴.

아무것도 할 수 없다고
말하는 너를 통해
내가 큰일을 이룰 것이다.

사랑한다, 나의 자녀야.

모든 지킬 만한 것 중에
더욱 네 마음을 지키라
생명의 근원이 이에서 남이니라

잠언 4:23

주저하지 말고 구하렴

나의 자녀야,

나에게 구하는 것이 있다면
주저하지 말고 구하렴.

나는 너에게 무엇이 필요한지 잘 안단다.
내가 기꺼이 응답할 것이다.

다만 네가 구하는 것이
너의 중심을 차지하지 않기를 바란다.
그 무엇도 나보다 앞서기를
바라지 않는단다.

만일 문제가 해결된 후에
네가 나와 멀어진다면
나는 몹시 슬플 거야.

이 세상에 너를 보낸 목적은 생존이 아니란다.
삶의 필요를 채우는 게 전부가 아니지.

너는 나의 기쁨을 위해 창조되었단다.

문제를 해결 받았다고 기뻐하지 말고
나를 바라봄으로 기뻐하렴.

네가 나의 기쁨이듯이
내가 너의 기쁨이 되기를 원한다.

다른 모든 건 고갈되지만
나의 사랑은 영원하단다.

너의 필요가 당장 채워지지 않는다고
절망하지 말아라.
내가 너를 위해 차고 넘치도록
부어줄 거란다.

사랑한다, 나의 자녀야.

예수께서 대답하시되 기록된 바
사람이 떡으로만 살 것이 아니라
하였느니라

누가복음 4:4

익숙함에 안주하지 말거라

나의 자녀야,

두려워서 망설이는
너의 심정을 안다.

나의 뜻에 순종하는 인생이
마치 안갯속을 헤매듯
막연하게 느껴질 수 있지.

한 치 앞을 모르는 인생길에서
결단 내리기가 두려울 때
내 말을 기억하렴.

너의 인생은
나의 영광으로 빛날 것이다.

이리저리 흔들리고 실수해도
너의 곁에는 내가 있단다.

나에게 순종하면 무슨 이득이 있을지
머릿속으로 계산하지 말거라.

나는 네 하나님이고
너는 이미 모든 걸 가졌단다.

나에게 구하렴.
너의 모든 필요를 채울 것이다.

익숙함에 안주하지 말아라.
내가 너의 지경을 넓힐 것이다.

실수해도 괜찮다.
내가 너를 형통하게 하며
복에 복을 더할 것이다.

사랑한다, 나의 자녀야.

여호와께서 아브람에게 이르시되
너는 너의 고향과 친척과 아버지의 집을 떠나
내가 네게 보여줄 땅으로 가라

창세기 12:1

너를 격려하고 응원할 거야

나의 자녀야,

사람들 앞에서 말할 때
떨리고 불안한 네 마음을
이해한단다.

시선을 어디에 둘지 모르고
식은땀이 흐르고
긴장으로 말을 더듬는 너를 보면
내 마음도 아프단다.

사람들은 너에게
자신감을 가지라고 격려하지만
그렇게 간단한 일이 아니지.

너의 불안은
네가 홀로 방치되었던
슬픈 기억에서 출발한단다.

어린 시절,
너는 부모의 사정으로
여기저기를 전전하며 살았지.

부모 아닌 어른들의 눈치를 보고
엄마를 그리워하며
밤새 소리 없이 울었던 걸 안다.

엄마가 너를 찾으러 올 거라는 기대는
번번이 좌절되어 절망으로 변해갔지.

그 시절의 학대와 방치로 손상된 너를
내가 치유하길 원한다.

너의 불안은
너의 잘못이 아니란다.
나는 너를
따뜻한 시선으로 바라본다.

네가 회중 앞에서 말을 할 때
내가 맨 뒤에 앉아
너를 격려하고 응원할 것이다.

사람들이 아닌 나를 바라보며 말하렴.

나에게 말하듯 진심을 담으면
사람들의 마음도 열릴 거야.

더듬어도 괜찮아.
포기하지 말고 끝까지 해내거라.

내가 너의 혀를 풀어줄 것이고
너는 곧 편안하게 말하게 될 거란다.

사랑한다, 나의 자녀야.

여호와여
내가 주께 피하오니
내가 영원히
수치를 당하게 하지 마소서
시편 71:1

나 없이 살 수 있니?

나의 자녀야,

나는 너를 독점하기를 원한다.

너의 생각과 감정과 일상이
전부 나를 향하기를,
네가 나 없이 아무것도 할 수 없기를,
나를 빼앗기면
모든 걸 잃기를 바란단다.

네가 나 없이 살 수 없게 된다면
너는 속박 당한 답답함이 아닌
나의 사랑 안에서 참된 자유를
누리게 될 거야.

나 이외의 모든 건 너를 속박한단다.

네가 간절히 원하는 것에
시선을 빼앗기면

너는 조급하고 절박해서
아무것도 이루지 못할 거란다.

네가 집착하는 것에서 시선을 들어
나에게 고정하렴.
나를 곁눈이 아닌 정면으로 바라보며
너의 시선을 치열하게 지켜내렴.

너는 모든 것을 이루고, 가질 수 있단다.

나의 시선은 언제나 너를 향한단다.
우리의 눈이 서로 마주칠 때
나는 말할 수 없이 행복하단다.

나를 바라보거라.
우리의 눈맞춤에 참 자유가 있단다.

사랑한다, 나의 자녀야.

믿음의 주요 또 온전하게 하시는 이인
예수를 바라보자

히브리서 12:2

반드시 너를 지켜낼 거야

나의 자녀야,

세상을 사는 동안
시험을 피할 수는 없단다.

나도 견딜 수 없는 고통 속에서
온갖 시험을 받았지.

네게 시험이 찾아와 괴로울 때
나를 찾고 부르렴.

시험을 이기려면
나의 말씀을 붙잡아야 한단다.
말씀으로 달콤한 유혹을 이겨내렴.

마귀는 너를 쓰러뜨릴 기회를
끊임없이 엿보고 있단다.

실패하고 넘어져도 좌절하지 말거라.

먼저 시험받은 내가 너의 고통을 안단다.

나는 하늘에서 손가락으로만
너에게 지시하지 않는단다.

너와 같은 모습, 같은 감정으로
땅을 거닐며 살았지.

너의 고통을 아는 내가
너를 반드시 지켜낼 것이다.

사랑한다, 나의 자녀야.

마귀가 모든 시험을 다 한 후에
얼마 동안 떠나니라

누가복음 4:13

참된 안식을 누리렴

나의 자녀야,

너를 짓누르는 고통으로 인해
긴급한 일에만 매달리면
큰 그림을 볼 수 없단다.

문제에서 잠시 떨어져
큰 그림을 보거라.

문제를 해결할 열쇠는
외적인 상황에서 찾을 수 없단다.

마음을 깊이 들여다보렴.
너의 고통은
너의 결핍에서 시작된단다.

더 나은 인생을 향한
몸부림 뒤에 숨어 있는
두려움을 인식하거라.

너는 가만히 멈춰 있는 너 자신을
용납하기가 힘들겠지.

너에게 '실패한 인생'이란 무언지
정의해 보렴.

실패로 낙인찍은 인생의 자화상에
너의 결핍이 있단다.

너는 외롭고 가난한
유년기를 보냈고
아무도 너를 도와주지 않았지.

남들에게는 평범한 삶이
너에게는 사치였지.

그럼에도 너는
과감하게 도전했고 성취했으며
여기까지 왔단다.

하지만 끊임없는 도전 속에서
고갈되고 말았지.

쉬는 법을 잊은 너에게
참된 안식을 선물하고 싶구나.

잠시 멈추어 쉬는 것은
세월을 허송하는 게 아니란다.

내게로 와 참된 안식을 누리렴.
너의 지친 몸과 마음이
살아날 거란다.

마음 편히 쉬거라.

내가 너를 품에 안고
더 멀리 더 높이 이끌어 줄 거야.

사랑한다, 나의 자녀야.

여호와여
주는 나의 등불이시니
여호와께서 나의 어둠을
밝히시리이다

사무엘하 22:29

오랜 눈물을 닦아주고 싶구나

나의 자녀야,

내가 너의 간절한 기도를 들었고
너의 오랜 눈물을 닦아주길 원한다.

너를 둘러싼 현실을 가늠해서
네 인생을 결론 내리지 않길 바란다.

답답하고 괴로운 날에는
눈을 들어 나를 바라보렴.

그러면
다시 할 수 있다는 소망으로
마음이 부풀어 오를 거야.

너의 입술로 생생하게 고백하렴.

나는 지금도 살아 역사하는
너의 하나님이란다.

온 세상을 다스리며
네가 "할 수 없다" 말하는 그 일을
능히 할 수 있는 하나님이지.

너조차 믿지 못하는 놀라운 일을
너를 통해 이루어 갈 거란다.

포기하지 말거라.
내가 너의 기도에 응답할 것이다.

사랑한다, 나의 자녀야.

때가 이르면
내 말이 이루어지리라

누가복음 1:20

내게 맡기고 편안해지렴

나의 자녀야,

쫓기듯 살지 말거라.
바쁜 일상을 살더라도
시간에 끌려다녀서는 안 된다.

하루를 온전히 다스리기 위해서는
나와의 교제가 필수란다.

하루의 첫 시간에
맑은 정신으로 나를 찾으렴.
모든 필요를 내게 말하고
중요하고 긴급한 일을 나와 상의하렴.

네가 감당할 수 없는 일은 내게 맡기고
너는 편안해지거라.

너는 과정에서 최선을 다할 뿐
결과를 통제할 수 없단다.

모든 노력이 물거품이 되어도
낙심하지 말거라.

세상에 필요 없는 경험은 없단다.
내가 네 안에 흩어져 있는 모든 점을 연결해서
너 자신이 되게 할 것이다.

아무도 너를 대체할 수 없단다.
나는 너를 고귀하고 고유하게 창조했다.

나를 믿으렴. 내가 너를 이끌 것이다.

치열하게 경쟁하는 세상에서
나만의 방법으로 너를 돋보이게 할 거란다.

사랑한다, 나의 자녀야.

너희 중에 누구든지 지혜가 부족하거든
모든 사람에게 후히 주시고
꾸짖지 아니하시는 하나님께 구하라
그리하면 주시리라

야고보서 1:5

part 2

눈물을
닦아주시는

품

너에게 고마울 뿐이란다

나의 자녀야,

사람의 마음을 변화시키는 일은
언제나 어렵단다.

한 영혼을 사랑하고 돌보는 너에게
그저 고마울 뿐이야.

너의 눈에는 더뎌 보이지만
너는 헌신으로 나의 일을 이루고 있단다.

사역은 속도로 판단할 수 없단다.

하루가 천년 같고
천년이 하루 같은 나는
시간을 초월하여
모든 일을 다스리는 하나님이야.

너의 사역을 과소평가하지 말거라.

나는 너에게 맡긴 한 사람을
온 세상보다 귀하게 여긴단다.

너는 고작 한 사람밖에
섬기지 못했다고 자책하지만
나는 그 한 사람으로
세상을 바꿀 수 있지.

온 세상을 변화시킬 거창한 꿈보다
네게 맡겨진 한 사람을 소중히 여겨다오.

나는 오직 너 하나를 위해
세상에 왔단다.

온 세상보다 소중한 너를 위해서.

사랑한다, 나의 자녀야.

주께는 하루가 천년 같고
천년이 하루 같다는
이 한 가지를 잊지 말라

베드로후서 3:8

나 없이 아무것도 할 수 없단다

나의 자녀야,

나를 위해
많은 일을 감당한다고 해서
내가 기뻐하는 게 아니란다.

의무감으로 나의 일을 하다간
금세 지쳐버리고 말 거야.

많은 일을 감당하고 싶다면
먼저는 나로부터
차고 넘치는 사랑을
받아야 한단다.

은혜 없이 섬기다간 곧 고갈되고 말 거야.

너의 모든 능력은 나에게서 오기에
너는 나 없이 아무것도 할 수 없단다.

나와 멀어지면
여러 일로 걱정이 많아질 거야.

마음이 복잡하거든
잠시 그 일에서 멀어지거라.
나에게로 와
모든 걱정을 털어놓으렴.

네가 나를 대신해서
이루어 줄 것은 아무것도 없단다.

나는 항상 너를 원한다.
너 하나로 충분하단다.

사랑한다, 나의 자녀야.

네 짐을 여호와께 맡기라
그가 너를 붙드시고 의인의 요동함을
영원히 허락하지 아니하시리로다

시편 55:22

억울한 감정을 쏟아놓으렴

나의 자녀야,

생각과 감정을 표현하지 못하는
너를 보니 마음이 아프구나.

상대의 주장만 진실이 되고
그의 감정만 존중받을 때
얼마나 억울했니!

너의 마음을 내가 안단다.
억울함을 쏟아놓으렴.

너의 마음이 풀릴 때까지
너의 이야기를 듣고 싶구나.

어디서도 꺼내놓지 못했던
생각과 감정을 나에게 말하렴.

처음에는 서툴러도 차츰 나아질 거란다.

너의 진심을 거절하는 사람과는
거리를 두거라.

모든 사람과 잘 지낼 수는 없단다.

억울하고 답답할 때마다
나를 찾으렴.

내가 너의 감정을 풀어줄 거란다.

사랑한다, 나의 자녀야.

여호와 내 하나님이여
내가 주께 피하오니
나를 쫓아오는 모든 자들에게서
나를 구원하여 내소서
시편 7:1

너를 방치하지 말거라

나의 자녀야,

너를 학대하는 사람을
받아들이고 사랑하기 위해
애쓰지 말거라.

네가 아무리 노력해도
그와 잘 지낼 수 없단다.

학대의 이유를 네 안에서 찾지 말거라.
너의 잘못이 아니다.

도망치고 싶지 않다는
너의 말에 공감한단다.

하지만 너는 도망치는 게 아니야.
너 자신을 학대로부터 구하는 거야.

너를 방치하고 외면하지 말거라.

현실적인 상황 때문에
벗어나기 쉽지 않다는 걸 안다.

너의 제한된 관점으로
현실을 가늠하지 말거라.

현실의 무게에 짓눌려
숨조차 쉬기 어렵다는 걸 안다.

어둠 속에 웅크린 채
네가 나를 불렀을 때
너의 목소리를 들었단다.

너의 총기 어린 눈을 보았단다.
열정으로 가득했던
너의 과거를 안단다.

자신의 진가를 알거라.
너는 네가 생각하는 것보다
크고 강하단다.

그러나 무엇보다
내가 지금 너의 곁에 있단다.

내가 너를 위해
모든 자원을 공급할 거란다.

너를 깊이 위로할 것이다.

사랑한다, 나의 자녀야.

악인이 의인을 엿보아
살해할 기회를 찾으나
여호와는 그를 악인의 손에
버려두지 아니하시고
재판 때에도 정죄하지 아니하시리로다

시편 37:32,33

너만의 목소리를 찾아라

나의 자녀야,

사람들의 인정을 받기 위해
좋은 평판을 얻기 위해
듣기 좋은 말들을 쏟아내지 말거라.

애써 지어낸 말은
허공에 흩어져
의미 없이 사라진단다.

너 자신이 되기 위해서는
외로워야 한단다.
아무도 없는 곳에서
네가 누구인지를 살펴보렴.

사람의 인정을 포기하면
새로운 길이 펼쳐진단다.

너 자신만의 목소리를 찾아라.

당장 성과가 나타나지 않아도
묵묵히 최선을 다하거라.

진심이 담긴 너의 목소리에
지나가던 사람들이
하나둘 멈춰 설 거란다.

너의 목소리를 통해
그들이 나를 알게 되고
나의 사랑으로 치유될 거야.

나의 사랑으로
한 사람을 소중히 여기렴.
네가 소중히 여기는 그 한 사람이
나에겐 온 세상이란다.

사랑한다, 나의 자녀야.

광야에서 외치는 자의 소리가 있어 이르되
너희는 주의 길을 준비하라

누가복음 3:4

반드시 너를 구해낼 거야

나의 자녀야,

두려워하지 말아라.
네가 두려워하는 일은
일어나지 않을 거란다.

두려움이 너를 속박할 때
믿음을 사용하렴.

나는 너에게 거창한 믿음을
요구하지 않는단다.

겨자씨만큼이라도 나를 믿는다면
나는 너를 믿음의 자녀로 인정한단다.

네가 마주한 큰일을 해결하기 위해
필요한 건 큰 믿음이 아니라
고통 속에서 겨자씨만큼이라도
나를 믿는 거란다.

평온할 때는 너의 믿음이
어디 있는지 알 수 없지만
위기의 때엔 믿음을 확인할 수 있지.

너의 믿음을 찾아내어 사용하렴.

나는 너의 하나님이고
반드시 너를 구해낼 것이다.

사랑한다, 나의 자녀야.

제자들에게 이르시되
너희 믿음이 어디 있느냐 하시니
그들이 두려워하고
놀랍게 여겨 서로 말하되
그가 누구이기에 바람과 물을 명하매
순종하는가 하더라

누가복음 8:25

마음이 힘들 때 나를 찾으렴

나의 자녀야,

마음이 힘들 땐 나에게 오렴.

아쉬울 때만 나를 찾는다고
미안해하지 말고.

자녀가 힘들 때마다
부모를 찾는 건
당연한 권리란다.

마음 편히 내게 나아오거라.
너의 기도를 듣고 싶구나.

모든 감정을 나에게 쏟아놓으렴.
내가 너를 위로하고 도울 것이다.

항상 기억하렴.
너는 혼자가 아니란다.

사랑한다, 나의 자녀야.

너희가 내게 부르짖으며
내게 와서 기도하면
내가 너희들의 기도를 들을 것이요
너희가 온 마음으로 나를 구하면
나를 찾을 것이요 나를 만나리라

예레미야 29:12,13

너의 고통은 성장통이란다

나의 자녀야,

오늘 하루를 사는 동안
수많은 의심이 너를 사로잡을 거야.

현실과 꿈의 격차에
주눅 들지 말거라.

너의 꿈은 망상이 아니란다.
나는 너의 꿈을 이루는 하나님이다.

너의 생각을 나에게 일치시키고
담대하게 믿음으로 구하렴.

너를 향한 나의 모든 계획이
나의 말씀 안에 있단다.
너의 생각으로 살지 말고
나의 말씀으로 살아가렴.

너의 고통은
내가 보여준 꿈에서 시작된 거란다.

네가 현실에 안주했다면
오늘의 시련은 없었을 거야.

너의 고통은 성장통이란다.
꿈꾸는 자들의 특권이지.

현실에 짓눌려 절망하지 말거라.
내가 너를 형통하게 할 것이다.

강렬하고 생생하게
꿈을 붙잡고 나아가렴.

너의 꿈이 이루어지는 날,
나를 마음껏 드높이거라.

너의 꿈을 의심하지 말거라.
내가 반드시 이룰 것이다.

사랑한다, 나의 자녀야.

요셉이 그들에게 가까이 오기 전에

그들이 요셉을 멀리서 보고

죽이기를 꾀하여 서로 이르되

꿈꾸는 자가 오는도다

창세기 37:18,19

시간에 쫓기지 말거라

나의 자녀야,

너의 조급한 마음을 안다.
그러나 아무리 급해도
시간에 쫓기지 말거라.

조급하면
너의 능력을 발휘할 수 없단다.

잠시 조용한 시간을 갖고
눈앞에 닥친 일의
본질을 생각하거라.

왜 그 일을 시작했는지,
그 일에서 무얼 얻고자 하는지,
깊이 생각해 보렴.

아직 너에겐 최소한의 시간이 있단다.

분주한 마음으로 해치우려 들지 말고
차분하고 성실하게 진심을 담아
그 일을 감당하렴.

너는 그 일을 시간 안에 마칠 것이고
결과는 예상을 뛰어넘을 거란다.

내가 너에게
지혜와 통찰을 줄 것이다.
내게 와서 모든 자원을 공급받으렴.

내가 너를 기꺼이 도울 것이다.

사랑한다, 나의 자녀야.

지혜를 버리지 말라
그가 너를 보호하리라
그를 사랑하라
그가 너를 지키리라
잠언 4:6

먼저 걷는 길은 외로운 길이란다

나의 자녀야,

지친 너를 위로하고 싶구나.

새로운 일을 시도하는 사람은
쉽게 탈진한단다.

이미 나 있는 길을 걷는 것보다
새 길을 만들며 걷는 게
몇 배나 힘들기 때문이지.

네가 지친 건 약해서가 아니라
남들이 가지 않는 길을 가기 때문이야.

힘들면 잠시 쉬렴.
쉬었다 가도 늦지 않는단다.

경쟁하지 말고 편히 걷거라.
이 길에는 너와 나, 둘뿐이란다.

사람들의 평가에 무뎌지거라.
뒤처질까 하는 두려움에서 벗어나거라.

아무도 밟지 않은 곳에
첫발을 내딛거라.
너의 발자국을 보며
다음 사람이 따르게 하렴.

먼저 걷는 길은 외로운 길이란다.
아무리 힘들어도 포기하지 말거라.

나는 광야에 길을 내는
너의 하나님이다.

사랑한다, 나의 자녀야.

보라 내가 새 일을 행하리니
이제 나타낼 것이라 …
반드시 내가 광야에 길을
사막에 강을 내리니

이사야 43:19

너의 기대가 헛되지 않을 것이다

나의 자녀야,

네가 엎드려 기도하며
나를 부를 때
내가 신실하게 응답할 것이다.

욕심이 아닐까 의심하고
원하는 것을 얻지 못할까 봐
걱정하지 말거라.

그 판단은
너의 몫이 아닌 나의 몫이란다.

부모의 마음을 헤아리느라
원함을 마음 편히 말하지 못했던
너의 어린 시절을 안다.

하지만 내 앞에서까지
일찍 철든 자녀 노릇을 할 필요는 없단다.

철없는 아이처럼 떼를 쓰고
원하는 걸 쏟아내렴.

내가 아낌없는 사랑으로
너의 모든 필요를 채워줄 거란다.

너의 꿈은 나로부터 시작되었고
내가 그 꿈의 주인이란다.

찬란한 빛으로
너를 비출 것이며
너를 끝까지
책임지고 인도할 것이다.

사랑한다, 나의 자녀야.

그는 자기를 경외하는 자들의
소원을 이루시며
또 그들의 부르짖음을 들으사
구원하시리로다

시편 145:19

아무도 너를 정죄할 수 없다

나의 자녀야,

너의 죄로 아파하지 말거라.
아무도 너를 정죄할 수 없단다.

너는 죄를 가벼이 여기지 않고
고통 속에서 수많은 날을 울었단다.

내가 너의 기도를 들었고
너의 진심을 내가 안단다.

하염없이 쏟아져 내리는
너의 눈물로
나는 너를 용서했단다.

두 번 다시
행복한 삶을 살 수 없을 거라고
단정하지 말거라.

너는 어제의 아픔을 딛고
오늘, 더 의미 있는 삶을 살게 될 거야.

외로움을 감당할 수 없어서
눈물로 밤을 지새우는 너를 안다.

너는 어둠 속에 갇혀
혼자라고 말하지만
지금 이 순간에도
나는 너의 곁에 있단다.

너를 속이는
결핍의 속삭임에 귀를 닫고
나의 선명한 목소리를 들으렴.

너의 감정이
외로움에 속박되어 있을지라도
내가 지금 여기 너와 함께 있단다.

감정과 진실을 구분하고
내게 도움을 요청하거라.

너의 신음에 내가 귀를 기울이며
밤새 너의 곁을 지킬 거란다.

네가 용기 내어
한 걸음 한 걸음
내딛는 삶을 축복할 것이고
너의 모든 걸음을 형통하게 할 거란다.

사랑한다, 나의 자녀야.

내가 탄식함으로 피곤하여
밤마다 눈물로 내 침상을 띄우며
내 요를 적시나이다

시편 6:6

집착을 버리거라

나의 자녀야,

너의 집착을 내려놓아라.
네가 목을 매고 달려드는 일은
너에게서 더 멀리 달아날 것이다.

네가 원하는 결과를 얻지 못하더라도
너의 인생은 끝장나지 않는단다.

원하는 걸 쉽게 이루려는
모든 욕망을 내려놓거라.

특별한 존재가 되려는 집착도 버리거라.

네 원함을 손에 넣으면
모든 고통이 사라질 거라고
단정하지 말거라.

너는 네가 이룬 것들로 특별해질 수 없단다.

세상적인 성공을 거머쥐어도
인생이 평안해지지 않는단다.

눈앞의 작은 시련으로
꿈을 포기하지 말거라.

고통의 순간마다 나를 의지하고
나와 함께하는 법을 배우렴.

아무도 가보지 않은 길로
내가 너를 이끌 것이고
너를 통해 크고 비밀한 일을
이룰 것이다.

사랑한다, 나의 자녀야.

너는 내게 부르짖으라
내가 네게 응답하겠고
네가 알지 못하는
크고 은밀한 일을 네게 보이리라

예레미야 33:3

천천히 사람을 알아가렴

나의 자녀야,

속마음을 아무에게나
털어놓지 말거라.
네가 원하는 만큼
공감해 줄 사람은 없단다.

모두 저마다의 아픔으로
너를 온전히 받아줄 여유가 없기 때문이지.

온전히 받아들여지고 싶은
네 욕구를 안다.

모든 사람을 불신하고
멀리하라는 말이 아니란다.
시간을 오래 두고 천천히 사람을 알아가렴.

안전한 사람에게만
조심스럽게 마음을 열거라.

외로운 날에는
급히 만날 사람을 찾지 말거라.

내가 너의 곁에 있단다.
기도의 자리에서 편안하게
감정을 말하는 연습을 해보렴.

네 눈에는 더뎌 보이지만
너는 조금씩 분명히 성장하고 있단다.
언젠가는 너도
안전한 사람을 알아볼 것이다.

혼자라서 외롭다고 울지 말거라.
너를 돕는 자를 보내줄 것이다.

사랑한다, 나의 자녀야.

주여 나는 외롭고 괴로우니
내게 돌이키사
나에게 은혜를 베푸소서

시편 25:16

토닥이며 위로해 줄게

나의 자녀야,

인생은 지도 없는 여정이며
알지 못하고 나아가는 길이란다.

너의 선택으로 앞길이 결정되는 게 아니라
나의 선택으로 너의 앞길이 결정된단다.

두려워 말거라. 내가 너를 이끌 것이다.

나를 신뢰하는 안정감 속에서
네가 원하는 결정을 내리렴.

한순간의 잘못된 선택으로
인생이 무너질지도 모른다는 두려움은
허상이란다.

네가 실수할지라도
나의 은혜로 너를 살려낼 거니까.

나는 실수하지 않는 하나님이다.
네가 어디로 가든 너와 함께한단다.

차갑고 시퍼런 파도가
너를 삼키지 못할 것이며
뜨겁고 매서운 불꽃이
너를 사르지 못할 것이다.

나의 이름은 여호와,
너를 구원한 하나님이란다.

넉넉하고 따뜻한 사랑으로
너의 불안을 잠재우며
네가 안심할 때까지
너를 토닥이고 위로할 것이다.

사랑한다, 나의 자녀야.

두려워하지 말라 내가 너를 구속하였고
내가 너를 지명하여 불렀나니
너는 내 것이라

이사야 43:1

고통을 잊기 위해 기도하지 마라

나의 자녀야,

기도는 자기 암시가 아니라
나와의 실제적인 대화란다.

고통을 잊기 위해 기도하지 말거라.

내게 기도하며
너의 고통을 말하렴.
감정을 억제하지 말고
있는 그대로 표현하렴.

어떤 말이라도 괜찮다.

나는 너의 모든 말을 듣길 원한단다.
어떤 기도든 편견 없이 들어줄 거야.

소리 내어 울고 나서
마음이 편해진 것으로 만족하지 말거라.

기도는 감정의 배출에서
끝나지 않는단다.

내가 너의 기도를 들었고
너를 위해 나의 일을 펼쳐갈 거야.

억지로 감사한 마음을
가질 필요도 없단다.

다만 부탁하고 싶구나.

기도가 응답되는 순간을 위해
너의 기쁨을 아끼지 말거라.

네가 기뻐할 이유는
기도 응답에 있지 않고
나와의 교제와 동행에 있단다.

기도는
너와 내가 나누는 깊은 대화이며
기적의 마중물이란다.

걱정 대신 기도를 택하렴.

나의 큰 능력으로
너를 구체적으로 도울 것이다.

사랑한다, 나의 자녀야.

여호와여
내가 수척하였사오니
내게 은혜를 베푸소서
여호와여
나의 뼈가 떨리오니
나를 고치소서

시편 6:2

전심으로 도울 것이다

나의 자녀야,

미리 실패할 거라고
결론 내리지 말거라.

한정된 능력으로 판단하고
결론 짓는 습관을 버리거라.

내가 너의 상한 마음을 회복시키고
감당할 힘을 줄 것이다.

할 수 있는 것과 할 수 없는 걸 구분하고
할 수 있는 일부터 시작하렴.

네가 용기 내어 첫발을 디딜 때
내가 보란 듯이 문을 열어줄 것이다.

너는 할 수 있단다.
내가 너의 하나님이다.

가장 낮은 곳으로 내려가
나만을 의지하거라.
내가 너를 높여줄 것이다.

난관을 만나거든
나에게 지혜를 구하고
나의 말씀 안에서 통찰을 얻으렴.

나는 살아있는 하나님이며
너를 인도하는 하나님이다.

내가 너의 기도를 들었단다.
진실하게 응답하며 전심으로 도와줄 거야.

너는 네 능력을 초월하여 살 것이다.

사랑한다, 나의 자녀야.

여호와여 들으시고
내게 은혜를 베푸소서
여호와여 나를 돕는 자가 되소서
시편 30:10

너는 나의 증인이란다

나의 자녀야,

아무것도 할 수 없다는 너의 말에
진심이 느껴지는구나.

너의 한계를 인정하는 모습이
말할 수 없이 사랑스럽단다.

네가 아무리 고민해도
답이 나오지 않는다는 걸 안다.
아직 가보지 않은 길이라
더욱 두려울 수밖에 없지.

네가 혼란 속에서
위축되지 않기를 바란다.

어떤 결정을 내리기 전에
먼저 네가 무엇을
두려워하는지를 발견하렴.

너를 압도하는 두려움은
실체 없는 그림자일 뿐이란다.
두려운 감정에 근거해서
미리 포기하지 말거라.

네가 알아야 할 건 너를 둘러싼
현실이 아니라 나의 무한한 능력이란다.

나는 글자 속에 머물지 않아.
지금 여기 실재하는 하나님이란다.

너는 나의 증인이다.
네가 보고 들은 걸 말하거라.
무능한 너를 통해
전능한 내가 드러날 것이다.

사랑한다, 나의 자녀야.

내가 그리스도를 위하여 약한 것들과
능욕과 궁핍과 박해와 곤고를 기뻐하노니
이는 내가 약한 그때에 강함이라

고린도후서 12:10

너를 정결하게 할 것이다

나의 자녀야,

반복하는 죄로
절망하며 고통받지 말거라.

죄 된 생각 하나 없이
백지와 같은 마음을 갖게 되었을 때
내가 너를 칭찬하는 게 아니란다.

네가 이 땅을 사는 동안
죄 없이 사는 건 불가능하단다.

죄를 인식하고
괴로워하는 것은
네가 깨끗해지는 과정이지.

네가 나를 찾고 부르는 것이
네 마음이 깨끗하다는 증거란다.

내가 폭포수와 같은 은혜로
너를 깨끗하게 할 거야.
너를 용서하고
네 마음을 정결하게 할 거란다.

눈물을 한껏 쏟고
맑은 눈으로 나를 바라보렴.
부연 황사처럼 탁한 시야가
성령의 단비로 맑아질 것이다.

너는 순결하고 흠 없는
나의 사랑스러운 자녀란다.

사랑한다, 나의 자녀야.

마음이 청결한 자는 복이 있나니
그들이 하나님을 볼 것임이요
마태복음 5:8

너는 구원자가 아니란다

나의 자녀야,

너의 지독한 외로움은
떠나보낸 사람을
더욱 그리워하게 만드는
촉진제란다.

결핍에 사로잡혀
그 사람에게 충동적으로
연락하지 말거라.

과거의 실수를 뒤로하고
그 사람과 다시 잘 지낼 수
있을 거라는 너의 기대는
결핍이 주는 속임수란다.

그 사람과 함께한 지난 시간 동안
너는 충분히 힘들었단다.

나는 네가
잠시 잊은 과거의 고통을
또다시 겪지 않기를 바란다.

그리움 속에서 결핍을 발견하렴.

너의 고통은
그 사람에 관한 것이 아니라
너의 결핍에 관한 것이란다.

너는 따뜻하고 안정된 사랑이 어색하고
차갑고 해로운 사랑에 익숙하지.

익숙한 해로움보다
낯설지만 유익한 사랑을 택하거라.

구해주어야 할 사람을
사랑하지 말거라.

너는 구원자가 아니란다.

연인의 사랑은 언제나 동등하며
상호 보완적이어야 한단다.

무례한 사람을 떠나보내면
너를 소중히 여기는 사람이
찾아올 거야.

사랑받고 싶은
너의 진심을 안다.

내가 너를 홀로 두지 않을 거란다.

사랑한다, 나의 자녀야.

여호와 하나님이 이르시되
사람이 혼자 사는 것이 좋지 아니하니
내가 그를 위하여 돕는 배필을
지으리라 하시니라

창세기 2:18

홀로 서는 법을 알려줄 거야

나의 자녀야,

네가 욕심을 부리는 게 아니란다.
안정된 삶을 살고 싶은
너의 욕구는 당연한 거야.

주저하지 말고 필요한 걸 말하렴.
나는 이미
너의 모든 필요를 알고 있단다.

너의 예상보다 더뎌도
나만의 방식으로
필요한 걸 전부 채워줄 거야.

네가 망설이는 바람에
기회를 놓쳐버렸다고 아쉬워 말거라.

너의 인생은 잠시 잠깐 빛나고
사그라들지 않는단다.

나는 너에게 인내를 가르칠 것이다.

거센 비바람에도 넘어지지 않는
뚝심을 길러줄 것이다.

비굴하게 매달리지 않고
홀로 서는 법을 알려줄 것이다.

보이는 것에 현혹되지 말고
사람에게 휘둘리지 말거라.
나에게 깊이 뿌리 내리고
하늘을 향해 줄기차게 자라나렴.

아무도 모르는 너의 고통을 안단다.
내가 너를 책임질 것이다.

사랑한다, 나의 자녀야.

내가 여호와를 항상 내 앞에 모심이여
그가 나의 오른쪽에 계시므로
내가 흔들리지 아니하리로다

시편 16:8

닫힌 문을 열어줄 것이다

나의 자녀야,

혼란스러워 말거라.

네가 들은 음성은
너의 잠재의식이 말한 것이 아니라
내가 너에게 말한 거란다.

오늘은 혼란스럽지만, 내일은 깨달을 것이다.

나는 닫힌 문을 열고
너를 돕는 자를 보낼 거란다.

엄혹한 현실 앞에서 절망하는
너의 감정에 공감한단다.
기도할 때 잠시 소망을 얻다가도
현실에서 또다시 절망하는 건 당연해.

일상의 모든 순간에 나를 바라보는 연습을 하렴.

한시도 내게서 눈을 떼지 말고
나만을 의지하렴.

너의 한정된 능력과
너를 둘러싼 현실은 중요하지 않단다.
연약하고 무능한 너를 통해
나의 능력을 발휘할 거니까.

나의 영광을 위해 살아라.
너에게 무한한 자원을 공급할 거란다.

너를 목격하는 사람들은
내가 누구인지 알게 될 것이다.
나는 불가능을 가능하게 하는
살아있는 하나님이다.

사랑한다, 나의 자녀야.

환난 날에 나를 부르라 내가 너를 건지리니
네가 나를 영화롭게 하리로다

시편 50:15

진실의 편에 서거라

나의 자녀야,

홀로 서는 것을 두려워하지 말거라.
필요하다면
너는 혼자가 되어야 한단다.

불의에 타협하지 말고 진실을 말하렴.

현실에 순응하는 사람들에게
둘러싸여 침묵하지 말거라.

너를 낙오자 취급하고
문제를 잠재우기 급급하고
잠잠한 일상으로 돌아가려는
사람들에게 굴복하지 말거라.

따뜻한 시선으로 그들을 대하되
진실을 끝까지 붙들렴.

그로 인해 혼자가 될 수밖에 없다면
기꺼이 혼자가 되거라.

내가 너의 곁에 있단다.
너를 홀로 두지 않을 거야.

네가 선 곳에서 빛을 발하거라.
어둠은 빛을 이길 수 없단다.

내가 너를 통해
강한 빛을 비출 것이고
어둠을 부끄럽게 할 것이다.

진실의 편에 서거라.
내가 너를 지켜낼 거란다.

사랑한다, 나의 자녀야.

나를 아는 이도 없고
나의 피난처도 없고
내 영혼을 돌보는 이도 없나이다

시편 142:4

감정의 물살에 휩쓸리지 말거라

나의 자녀야,

다른 사람이 모르는
너의 고통을 내가 안다.

너를 소중히 여기지 않는 사람과
거리를 두거라.

사랑해야 한다는 의무감으로
네가 상하지 않기를 바란단다.

믿고 싶지 않겠지만
나쁜 의도로 너를 아프게 하는
사람도 있단다.

너를 통제하고
휘두르는 사람을 멀리하거라.
모든 사람을
억지로 사랑할 필요는 없단다.

지나친 연민으로
너를 혹사하지 말거라.
네 능력으로는 한 사람도
구원할 수 없으니 말이야.

물에 빠진 사람을 구하려면
물 밖에 있어야 한단다.

마음이 앞서
감정의 거센 물살에
함께 휩쓸리지 말거라.

물에 빠진 사람을 만나면
차분하게 나를 찾으렴.
내가 물 위로 걸어가
그의 손을 잡고 구원할 것이다.

물에 빠진 사람을 외면할 수 없는
너의 마음을 안다.
그러나 너 아니면 안 된다는
강박을 버리렴.

너의 진심만으로 충분하단다.

너는 뒤로 물러나거라.
내가 구원할 것이다.

사랑한다, 나의 자녀야.

여호와께서
내게 도움이 되지 아니하셨더면
내 영혼이 벌써
침묵 속에 잠겼으리로다
시편 94:17

part 3

나를 끝까지
책임지시는

품

너만의 길을 가거라

나의 자녀야,

사람들의 인정을 받기 위해
다른 사람이 될 필요는 없단다.

너는 내가 사랑으로 창조한
아주 특별한 존재야.

너 자신이 되어
너만의 길을 가렴.

아무도 가지 않는 길을 가려면
외롭고 불안할 거야.

좁고 험한 그 길에
나의 발자국을 남겨두었단다.

내가 먼저 걸어간 그 길을 따라
나에게 나아오렴.

너는 혼자가 아니야.
내가 너와 함께한단다.

사랑한다, 나의 자녀야.

생명으로 인도하는 문은
좁고 길이 협착하여
찾는 자가 적음이라

마태복음 7:14

진실한 사람이 되렴

나의 자녀야,

약함을 숨기려 하지 말아라.
그러면 더 밝히 드러날 것이다.

부끄러워 말아라. 완벽한 사람은 없단다.

사람들은 너의 탁월함이 아닌
솔직함에 마음을 연단다.

제자리에 멈춰 있지 말고
매일 조금씩 성장하렴.

네가 가진 재능으로는
사람들을 이끌 수 없단다.

너의 말솜씨로 설득한 사람은
너의 작은 실수에도 금방 실망하고
등을 돌려버리지.

네가 아닌 나를 나타내렴.
온 힘을 다해 나를 사랑하렴.

네가 나를 높이고 바라볼 때
넘치는 능력을 발휘할 수 있을 거야.

너의 연약함을 인정하고 고백하면
사람들은 각자의 재능으로 너를 도울 거란다.
네가 실수해도 너를 떠나지 않을 거란다.

완벽한 사람이 아닌
진실한 사람이 되거라.

나에게 엎드려 낮아진 너는
모든 걸 얻을 것이다.

사랑한다, 나의 자녀야.

이 모든 일에 전심전력하여
너의 성숙함을
모든 사람에게 나타나게 하라
디모데전서 4:15

성과에 급급하지 말거라

나의 자녀야,

사람들은 네가
어떠한 삶을 살아왔는지 알지 못한 채로
각자의 방식으로 너를 평가한단다.

서로 짓밟고 경쟁하느라
작은 실수 하나 용납할 여유가 없지.

그저 네가 맡은 일을 잘 수행하고
좋은 성과를 내길 바랄 뿐이란다.

하지만 나는
네가 어떻게 여기까지 왔는지
잘 알고 있단다.

너는 나를 사랑해서
포기하지 않고 한 걸음씩 내디디며
여기까지 왔단다.

과거의 너를 잊은 채
사람의 평가에 시달리며
성과 내기에 급급하지 말거라.

너의 가치를 입증하기 위해
몸부림치며 애쓰지 말거라.

네가 나에게
얼마나 소중한 존재인지 아니?

내가 너를 사랑하듯이
너 자신을 사랑하렴.

너의 고귀한 가치를 인정하는 순간,
네 안에 숨겨진 통찰과 능력을
발견할 거란다.

나는 실수투성이인 너를 통해
나의 뜻을 이룰 거야.

너는 나의 사랑 안에서
불가능한 일을 가능하게 할 거란다.

그로 인해
너를 아는 모든 사람이
나의 존재를 확신할 거란다.

사랑한다, 나의 자녀야.

내가 네 갈 길을 가르쳐 보이고
너를 주목하여 훈계하리로다

시편 32:8

진심을 잃지 말거라

나의 자녀야,

손에 금방 잡힐 목표를 따라 살면
너는 금세 지쳐서 포기하고 말 거야.

무엇을 시작하든지
끊임없이 '왜'를 질문하고
너만의 의미를 발견하거라.

그럴듯한 명분으로
너와 다른 사람을 속이지 말거라.
'괜찮은 인생'으로 보이려고
너 자신을 포장하지 말거라.

한 걸음 내딛기 전에
나에게 묻고 생각하렴.

내 안에서 의미를 발견하면
포기하지 않는 인내심을 갖게 된단다.

실패한 인생이라고 남들이 조롱해도
굳건히 버텨낼 힘을 갖게 된단다.

성공에 들뜨지 않고
실패에 좌절하지 않는
단단한 내면으로 살아가게 된단다.

처음부터 끝까지 '진심'을 잃지 말거라.

질투하지도 미워하지도 말고
묵묵히 너의 길을 가렴.

너는 이미 나의 길에 들어섰단다.
내가 너를 끝까지 돌볼 거야.

사랑한다, 나의 자녀야.

주께서 생명의 길을 내게 보이시리니
주의 앞에는 충만한 기쁨이 있고
주의 오른쪽에는
영원한 즐거움이 있나이다

시편 16:11

한계 없는 상상을 하렴

나의 자녀야,

너의 한계에 갇히지 말거라.
나는 온 우주의 하나님이다.

내가 너에게 보여준 미래를
생생한 현실로 받아들이렴.

네가 꿈꾸는 미래를
눈물이 날 만큼 감격스럽게
그려낼 수 있다면
너는 이미 그것을 이룬 거란다.

네가 진정 바라고 원하는 미래에
내가 있다면
너는 욕망으로 꿈꾸는 게 아니란다.

감정이 요동칠 때는
나를 단단히 붙잡거라.

145

거센 파도가 잠잠해지며
너는 나의 목소리를 듣고
금세 안정을 되찾을 거야.

그리고 다시
꿈을 향해 나아갈 거란다.

괴로워도 절대 포기하지 말아라.
너의 인생은 너의 것이 아니란다.

내가 앞에서 당기고
뒤에서 밀어줄 거야.
네가 멈추지 않고 나아가는 그곳에
나의 꿈이 기다리고 있단다.

우리의 꿈은 곧 현실이 될 거야.

사랑한다, 나의 자녀야.

내가 내 무지개를 구름 속에 두었나니
이것이 나와 세상 사이의 언약의 증거니라

창세기 9:13

혼란 속에서도 나를 붙잡으렴

나의 자녀야,

나의 말씀으로
하루를 살아내려 애쓰는
너를 칭찬하고 싶구나.

네가 어떠한 수준에 도달해서
기뻐하는 것이 아니란다.

네가 나를 얼마나 사랑하는지 안다.
나도 너를 진심으로 기뻐한단다.

실패할지 모른다는 두려움 대신
실패해도 다시 일어서는 법을 배우렴.

나의 포근한 사랑으로
너를 안전하게 지켜줄 거란다.
너를 싫어하는 사람을 만날지라도
주눅 들지 말아라.

사람의 비위를 맞추는 방식으로
관계를 유지하려 애쓰지 말거라.

너의 실수로 인한
사람들의 오해인지
나의 말씀대로 살려 해서
찾아온 고난인지
너는 구분할 수 없단다.

혼란 속에서도 나를 붙잡으렴.

사람에게 용납되려 애쓰는 대신
나를 더욱 사랑하거라.

너를 평가하는 사람조차도
두려워하지 말아라.

그들이 너의 인생을
책임지지 않는단다.

내가 너를 책임지고
너를 형통하게 할 것이다.

나의 사랑 안에 머무르렴.

그것이 네가 할 수 있는
가장 적극적인 활동이며,
나의 가장 큰 기쁨이란다.

사랑한다, 나의 자녀야.

무릇 그리스도 예수 안에서
경건하게 살고자 하는 자는
박해를 받으리라

디모데후서 3:12

약함을 인정하는 것이 기도란다

나의 자녀야,

네가 엎드려 기도하는 시간에만
나를 찾는 게 아니란다.

네가 긴 한숨을 쉬며
어찌할 바를 몰라 고통받는 순간조차
내가 너와 함께한단다.

너의 능력으로
감당할 수 없는 일을 만났을 때
너의 약함을 인정하는 게 기도란다.

문제를 해결하는 모든 과정에서
나를 찾고 인정하렴.

너의 한계를 뛰어넘어
내가 일할 거야.

너의 요동치는 감정을 다스리고
목표를 향해 한 걸음씩
나아가게 할 거란다.

아직 일어나지 않은 일을
미리 걱정하지 말거라.

나는 너를 차분하게 이끌 것이고
너는 결국 해낼 거란다.

사랑한다, 나의 자녀야.

내가 너희를 고아와 같이
버려두지 아니하고
너희에게로 오리라
요한복음 14:18

무얼 선택하든 내가 함께할 거야

나의 자녀야,

너의 결정으로
인생이 좌우되지 않는단다.

실패할지 모른다는 두려움으로
현실에 타협하지 말거라.
눈앞의 필요를 따라
조급한 마음으로 결정하지 말거라.

모든 걸 가진 사람처럼
아쉬움 없이 결정하렴.

네가 무엇을 선택하든
내가 너와 함께할 거란다.

너의 예상을 빗나가는 일들이
끊임없이 이어져도 낙심하지 말거라.

너는 위기 속에서 단단해질 거야.
그러니 집중력을 잃지 말고 나아가렴.

나는 나만의 방식으로
너의 문제를 해결할 거란다.

나는 너를 선택했고
내 결정에는 후회가 없단다.

두려워하지 마라.
내가 너와 함께할 것이다.

사랑한다, 나의 자녀야.

내가 사망의 음침한 골짜기로 다닐지라도
해를 두려워하지 않을 것은
주께서 나와 함께하심이라

시편 23:4

감정을 외면하지 말거라

나의 자녀야,

너는 사람을
빨리 파악한다고 말하지만
그 안에는
너의 결핍이 숨어 있단다.

너는 본능적으로
위험한 사람을 경계한단다.

새로운 사람에 대한 너의 관심은
'이 사람이 누구일까'
하는 궁금함이 아니라
'이 사람이 안전할까'
하는 경계심이지.

안전하고 싶은 너의 욕구를
나는 존중한단다.

너의 부모는 예측할 수 없는 감정으로
너에게 고통을 주었지.

아무런 단서도 없이
갑작스럽게 가해진 폭력은
너에게 두려움의 흔적을 남겼단다.

너도 모르게
상대의 눈치를 보고
상대의 감정을 우선하게 되었지.

자연히 너의 감정은 소외되었단다.

너의 감정은 소중하단다.
너의 감정을 외면하지 말거라.

상처받고 싶지 않아서
경계하고 망설이는 너를 이해한단다.

서둘러 마음을 열지 않아도 괜찮아.

너 자신에게
차분히, 넉넉히 시간을 주렴.

상처는 곧 아물 거야.
고통이 지나간 자리에
새살이 돋아날 거란다.

사랑한다, 나의 자녀야.

사람을 두려워하면
올무에 걸리게 되거니와
여호와를 의지하는 자는
안전하리라

잠언 29:25

미리 겁먹지 마

나의 자녀야,

마음을 편히 가지렴.

나는 너의 결정을 존중한단다.
네가 하고 싶은 일을 하렴.

네가 원하는 방식으로
너의 뜻을 마음껏 펼치거라.

네가 무엇을 걱정하는지 안다.
하지만 미리 겁먹을 필요 없단다.
네 걱정은 현실이 되지 않을 거야.

네 소망이 이루어질 거라 믿고
최선을 다하렴.

내가 너에게
지혜와 통찰을 줄 것이다.

너의 한계에 얽매여
현실에 순응하지 말거라.

내가 차고 넘치는 축복으로
너와 함께할 것이다.

너의 꿈을
주저하지 말고 말하렴.
네가 진정 원하는 곳으로
너를 데려다줄 거야.

너의 꿈은 나의 것이다.
그 끝에 내가 있단다.

사랑한다, 나의 자녀야.

여호와여
주의 도를 내게 보이시고
주의 길을 내게 가르치소서
시편 25:4

너를 선명하게 이끌 거야

나의 자녀야,

결론을 정해놓고 기도하지 말거라.

나는 너와 대화하기를 원한단다.
기도 자체에 목적을 두고 기도하거라.

네가 무엇으로 고통받는지
실제적인 고민을 나에게 말하렴.
네가 무엇을 원하는지
솔직하게 말해다오.

고통에 압도되어
아무 말도 나오지 않거든
너의 감정이 풀릴 때까지
마음껏 울거라.

꽉 막힌 상황을
나와 함께 풀어가자.

너의 말로 시작한 기도는
나의 말씀으로 마칠 거란다.

너의 의지로 지속된 기도는
마침내 성령에 이끌릴 거야.

불안했던 너의 감정은
나의 사랑으로 평안해질 거란다.

기도를 포기하지 말거라.
내가 너를 선명하게 이끌 것이다.

사랑한다, 나의 자녀야.

예수께서 기도하시러 산으로 가사
밤이 새도록 하나님께 기도하시고

누가복음 6:12

너의 결핍을 나의 사랑으로 채우렴

나의 자녀야,

누군가의 배신은
너의 잘못이 아니란다.

너를 배신한 사람이
남기고 간 말에 속박되지 말거라.

네가 최선을 다했어도
그는 언젠가 떠날 사람이었단다.

버림받는 것이 두려워
억지로 지탱해 온 관계는
비참하게 끝이 난단다.

네 곁에 머무는 사람이
너를 떠날까 봐
두려워하지 말아라.

그의 비위를 맞춰가며
억지로 끌려다니지 말거라.

너는 나의 소중한 자녀야.
네가 소중히 여김 받기를 바란단다.

하루아침에
모든 관계가 끊어진다 해도
너는 혼자가 아니란다.

버림받을지 모른다는 두려움으로
너의 감정이 요동칠 때
나의 사랑 안에서 안심하렴.

나의 사랑으로
너의 결핍이 채워질 때
진실한 사람들을 만나게 될 거란다.

내가 너를 사랑하듯이
너도 너를 사랑해 주렴.

너는 내 목숨보다 소중한
고귀한 자녀란다.

사랑한다, 나의 자녀야.

내 원수가 나를 이기지 못하오니
주께서 나를 기뻐하시는 줄을
내가 알았나이다
시편 41:11

사명보다 소중한 건 교제란다

나의 자녀야,

기도는 성공이나 문제 해결,
더 나은 삶을 위한 수단이 아니란다.

만일 기도가
문제 해결의 수단이 되면
문제가 해결된 후에는
기도할 이유가 사라지고 말지.

너의 기도가 더 나은 삶을 위한
수단이 되지 않기를 바란다.

인생이 평탄할 때도
기도를 쉬지 말거라.

불안할 때는 불안한 대로
평안할 때는 평안한 대로
나와 깊이 교제하자꾸나.

너의 인생이
찬란하게 빛나는 순간에도
어둡고 조용한 공간을 찾으렴.

너를 필요로 하는 사람들이
너에게 애원하고 몰려들어도
따로 시간을 내어 기도하거라.

기도는 너의 삶이고
사명보다 소중한 건
나와의 교제란다.

나와 단둘이 보내는 시간 속에서
너는 나의 진심을 알게 될 거야.

사랑한다, 나의 자녀야.

예수는 물러가사
한적한 곳에서 기도하시니라
누가복음 5:16

너의 능력은 상관없단다

나의 자녀야,

눈앞에 보이는 것으로
미래를 판단하지 말거라.

너의 걱정이 현실이 되어도
두려워 말고 주어진 길을 가렴.

내가 너를 책임질 것이다.

내가 너에게 보여준 미래는
머지않아 현실이 될 거란다.

네가 본 가슴 뛰는 장면은
네가 지어낸 상상이 아니라
내가 너를 통해 실현할 미래란다.

너의 미래는 너의 꿈이 아닌
나의 꿈대로 펼쳐질 거야.

너의 능력과 상관없이
내가 반드시 이룰 거야.

너는 너의 일을 하렴.
나는 나의 일을 할 거란다.

네가 본 것을
현실로 받아들이거라.

내가 너를 끝까지 책임질 것이다.

사랑한다, 나의 자녀야.

내가 내 언약을
나와 너 사이에 두어
너를 크게 번성하게 하리라

창세기 17:2

너의 슬픔은 기쁨이 될 것이다

나의 자녀야,

너는 네 감정을
선택하여 받아들일 수 없단다.

너의 모든 감정을
인정하고 받아들이렴.

부정적인 감정이 찾아왔을 때
왜 그런 감정을 느끼는지
자세히 살펴보거라.

너의 감정에는
네가 살아온 인생이 담겨 있단다.

섣불리 자책하지 말고
너 자신을 따뜻한 시선으로
바라봐 주렴.

어떠한 상황에도
항상 기뻐할 수 있는 사람은 거의 없단다.

나는 불가능한 명령으로
너를 정죄하지 않아.

기쁨은
너의 의무가 아닌
나의 선물이란다.

억지로 기뻐하지 말고
고통의 순간마다 내게 털어놓거라.

나의 사랑 안에서
너의 불평은 기쁨으로 바뀔 거야.

문제가 해결되었을 때
느끼는 기쁨은 순간이지만,
네가 나를 바라보며 신뢰할 때
너는 지속적인 평안을 누릴 거란다.

기둥 같은 단단함으로
나를 믿고 신뢰하렴.

너의 불평은 기도가 되고
너의 슬픔은 기쁨이 될 것이다.

사랑한다, 나의 자녀야.

무릇 시온에서 슬퍼하는 자에게
화관을 주어 그 재를 대신하며
기쁨의 기름으로 그 슬픔을 대신하며
찬송의 옷으로 그 근심을 대신하시고
이사야 61:3

너는 더욱 단단해질 거야

나의 자녀야,

너의 뜻대로 흘러가지 않는다고
괴로워하지 말거라.

너의 능력으로
인생을 통제할 수 없단다.
너의 뜻대로 이루려는
욕심을 내려놓으렴.

너의 짐작으로
실패했다고 결론 내리고
미리 절망하지 말거라.

모든 노력이 물거품이 된 게 아니란다.
나의 모든 능력으로 너를 도울 것이다.

그러니 마음을 지키렴.
할 수 있다고 믿고 말하렴.

감당할 수 없는 고난을 통과하며
너는 더욱 단단해질 거야.

나를 신뢰하렴.
내가 너를 책임지고 돌볼 거야.

너는 가여운 목소리로
먼지처럼 작은 걸 구하지만
나는 너의 상상을 뛰어넘어
차고 넘치도록 부어줄 거란다.

사랑한다, 나의 자녀야.

현재의 고난은
장차 우리에게 나타날 영광과
비교할 수 없도다

로마서 8:18

기다림은 낭비하는 시간이 아니야

나의 자녀야,

무엇을 해야 할지 모르겠거든
침묵하고 인내하며 기다리렴.

묵묵히 기도하며 기다릴 때
내가 너에게 통찰을 줄 거란다.

어둠을 뚫고 들어오는
한 줄기 빛처럼
명확하게 말해줄 거야.

기다림은 낭비하는 시간이 아니란다.

나의 일은 너의 분주함으로
이룰 수 없단다.

조급함을 내려놓고
차분히 나를 바라보렴.

네가 온 마음으로 나를 바라볼 때
복잡한 생각이 단순해질 거야.

욕심으로 얼룩진 너의 소명이
나의 사랑으로 깨끗해질 거야.

기다림은
너와 내가 하나 되어
함께 준비하는 더없는 기회란다.

너는 나의 진심을 알게 되고,
나는 너를 통해
큰 꿈을 실현할 것이다.

사랑한다, 나의 자녀야.

주의 진리로
나를 지도하시고 교훈하소서
주는 내 구원의 하나님이시니
내가 종일 주를 기다리나이다

시편 25:5

너는 충분히 희생했단다

나의 자녀야,

너의 외로움에는
남모르는 이야기가 있지.

외로움으로 고통받는 너 자신을
미워하지 말아라.

너는 홀로 다른 사람의 감정을
책임지며 살아왔단다.

너와 대화하는 사람은
너에게 감정을 쏟아놓고
평안하게 돌아갔지만,
너는 불안했지.

너는 사람들에게 잘 성장한 자녀였고
마음 따뜻한 친구였고
한결같은 동역자였단다.

너를 아는 사람들은
네가 홀로 감당하는
깊은 절망을 모를 거야.

하지만 관계는 동등해야 한단다.

상대방이 일방적으로 쏟아내는
감정의 희생양이 되지 말거라.

너는 나의 소중한 자녀란다.
너의 가치를 알아다오.

너는 충분히 희생했단다.
이제 너를 위한 인생을 살렴.

네가 들어주지 않아도
그들은 각자의 인생을
문제없이 살 수 있단다.

나는 네가 소진되거나
상처 입지 않기를 바란다.

네 감정을 말하는 것이
어색한 너를 이해한단다.

아무도 들어주지 않아
말하지 못했던 너의 이야기를
나는 듣길 원한단다.

감정이 풀릴 때까지
조곤조곤 너의 이야기를 쏟아놓으렴.

내가 귀 기울여 듣고
상한 마음을 위로할 거란다.

사랑한다, 나의 자녀야.

하나님이 이르시되
그가 나를 사랑한즉 내가 그를 건지리라
그가 내 이름을 안즉 내가 그를 높이리라
시편 91:14

즉시 짧게 기도하렴

나의 자녀야,

많은 말로 길게 기도할 수 없다고
절망하지 말거라.

나는 시간의 양으로
너의 기도를 판단하지 않는단다.

너의 진심 어린 기도를
외면하지 않는단다.

짧은 기도라도
네가 나를 간절히 찾는다면
나는 즉시 너를 도울 거야.

중요한 일을 앞두고
중요한 사람과 대화하기 전에
즉시 짧게 기도하렴.

너의 감정은 평안해질 것이고
너는 정당하고 올바르게
너의 생각을 말할 수 있을 거야.

나를 찾는 너의 짧은 기도는
구해달라는 절박한 외침이란다.

겁먹은 토끼가
굴속으로 숨어들듯이
절박한 심정으로 나를 찾으렴.

내가 너를 보호하고
기꺼이 도울 거란다.

사랑한다, 나의 자녀야.

왕이 내게 이르시되
그러면 네가 무엇을 원하느냐 하시기로
내가 곧 하늘의 하나님께 묵도하고

느헤미야 2:4

진정 원하는 인생을 살아라

나의 자녀야,

너의 결핍으로
목표를 정하지 말거라.

무언가를 가지려 하는 열정은
그걸 가지고 나면 사라진단다.

남 부러운 꿈을 이루어도
어두운 방 안에서
홀로 우는 너를 마주할 거야.

꽃을 꺾어 손에 쥐면
잠시 행복할 뿐이지.
시들어가는 꽃에 집착하며
인생을 낭비하지 말거라.

네 안의 치유되지 않은 상처는
또 다른 욕망으로 너를 부추길 거란다.

경주마처럼 눈가리개를 한 채
코앞만 보고 달리지 말거라.

나의 사랑으로
너를 진정시키길 원한다.

나의 사랑으로
너의 결핍을 채울 것이다.

모든 걸 가진 사람처럼
진정 네가 원하는 인생을 살아라.

내가 너에게 꿈을 부어줄 것이고
우리의 꿈은 현실이 될 거란다.

사랑한다, 나의 자녀야.

두 마음을 품은 자들아
마음을 성결하게 하라
야고보서 4:8

막연한 믿음을 버리거라

나의 자녀야,

좋은 생각을 하면
좋은 일이 일어날 거라고
막연하게 믿지 말거라.

막연한 믿음은 뿌리가 없어
바람에 쉽게 날아간단다.

나를 알지 못하는 사람들은
이름 없는 신을 상상하며
간절한 바람으로
우주의 힘을 끌어당겨
원하는 걸 이루라고 미혹하지.

그런 허탄한 말에
현혹되지 말거라.

나는 이름 없는 신이 아니야.

스스로 있는 자,
여호와 하나님이란다.

네가 딛고 선 세상은
나의 말씀으로 창조된
피조 세계일 뿐
내게는 길가의 작은 돌멩이와
다를 바 없지.

내가 너에게 바라는 믿음은
말씀에 근거한 믿음이란다.

말씀으로 나를 만나고 바라고 기대하렴.

네가 나 하나로 만족할 수 없다면
그 무엇으로도
너의 빈 마음을 채울 수 없단다.

먼 미래를 상상하며 애태우지 말고
오늘 하루 나의 사랑으로 평안하렴.

내가 너의 소원을 안다.
너의 모든 필요를 채울 거란다.

단 하루도 미루지 말고
진정 원하는 삶을 살거라.

사랑한다, 나의 자녀야.

만일 우리가
보지 못하는 것을 바라면
참음으로 기다릴지니라

로마서 8:25

죄책감에서 벗어나렴

나의 자녀야,

죄 고백하기를 주저하지 말거라.

죄를 고백하고
죄책감에서 벗어나렴.

나는 너를 용서했단다.

내가 기억하지 않는 죄를
너도 기억하지 말거라.

너의 선함으로는
죄를 씻어낼 수 없단다.
나의 눈물 어린 사랑으로
너의 죄를 씻어줄 거야.

나는 너를 은혜의 보좌로
인도하길 원한단다.

탄식하며 우는 너를
홀로 두지 않을 거야.

주홍 같은 너의 죄는
눈처럼 희게 될 거란다.

사랑한다, 나의 자녀야.

너희의 죄가
주홍 같을지라도
눈과 같이 희어질 것이요

이사야 1:18

늦었다고 생각하지 마라

나의 자녀야,

실수를 돌이키기에
늦었다고 생각하지 마라.

나의 도움을 구하기에
늦은 때란 없단다.

바로 지금, 절박한 심정으로
나에게 도움을 구하렴.

네가 저지른 일이라며
자책하지 말거라.
너의 선택은 나의 뜻 안에 있단다.

나는 너를 기꺼이 도울 거야.

내게 도움받을 자격이 없다고
말하지 말거라.

너는 나의 사랑스러운 자녀이기에
마땅히 내게 도움을 청할 수 있단다.

지체하지 말고
서둘러 나를 찾으렴.

위기는 기회가 될 것이고
실수를 통해 너는 성장할 거야.

사랑한다, 나의 자녀야.

우리가 아직 연약할 때에
기약대로 그리스도께서
경건하지 않은 자를 위하여
죽으셨도다

로마서 5:6

모든 걱정을 내게 맡기렴

나의 자녀야,

걱정이 많은 너의 성품은
비난받을 게 아니란다.

너의 성품과 기질은
나의 선물이야.
너는 섬세하고
정밀한 기질을 가졌단다.

남들이 안주하고 방심할 때
너는 잠재적으로 일어날 위기에
대비하는 사람이란다.

너의 걱정 많은 성품은
나를 더욱 사랑하고 의지하게 하는
촉매제가 되지.

덕분에 너는 다른 사람과 달리
종일 나를 의지할 수 있단다.

걱정에서 벗어나고 싶은
너의 심정을 안다.

너를 압도하는
모든 걱정을 내게 맡기렴.
대부분의 걱정은
현실에서 일어나지 않을 거란다.

걱정 많은 너를 정죄하지 말거라.
너는 나의 소중한 자녀란다.

너는 세상을
피상적으로 바라보지 않지.
너의 관점은 사물의 원리와
사람의 심연에 닿는단다.

이렇듯 걱정 많은 성품과
세상을 바라보는 깊은 통찰은
동전의 양면이란다.

너의 약한 성품을 인정하고
약함을 강점으로 사용하렴.

자신을 소중히 여길 때
너의 지경이 넓어질 거란다.

사랑한다, 나의 자녀야.

내 은혜가 네게 족하도다
이는 내 능력이
약한 데서 온전하여짐이라

고린도후서 12:9

간절히 매달려 기도해라

나의 자녀야,

기도가 즉시 응답되지 않는다고
낙심하지 말거라.

한 번의 기도로
응답받았다고 자랑하는 사람을
질투하지도 말거라.

그는 한없이 가벼운 자기만족에
빠진 사람이란다.

나는 너를 결코 차별하지 않아.

잠깐 기도하는 사람은
눈앞의 결과를 바라지만,
오래 매달려 기도하는 사람은
나를 바라고 원한단다.

너의 간절하고 오랜 기도는
나의 축복이자 사랑이란다.

네가 기대한 결실이 없어도
간절히 매달려 기도하렴.
네가 알지 못하는 중에
기도가 응답될 거란다.

기도하는 두 손으로
나를 꼭 붙잡으렴.

네가 바라는 것에 비할 수 없을 만큼
차고 넘치는 축복을 부어줄 거야.

사랑한다, 나의 자녀야.

당신이 내게 축복하지 아니하면
가게 하지 아니하겠나이다

창세기 32:26

거절하는 법을 배우렴

나의 자녀야,

좋은 관계는
서로를 소중히 여기는 관계란다.

친하다는 이유로,
사랑이라는 명분으로
모든 부탁을 들어줄 필요는 없단다.

너는 다른 사람의 부탁을
거절하기 어려운 인생을 살아왔지.

하지만 거절을 못 하면
관계의 균형이 깨지고
너는 그에게 종속되거나 희생당한단다.

상대의 부탁을
거절 없이 받아들이면
너의 인생은 점점 버거워질 거란다.

거절하는 법을 배우렴.
웃든 정색을 하든 아닌 걸 아니라고
말할 수 있어야 한단다.

너를 이용하려는 사람까지
사랑하지 말거라.
네가 그들을 싫어하고 멀리해도
나는 이해할 수 있단다.

너를 먼저 지키렴.

나는 용서를 강요하지 않아.
거절하는 법을 잘 배우면
차차 용서할 수 있게 될 거란다.

사랑한다, 나의 자녀야.

좌로나 우로나 치우치지 말고
네 발을 악에서 떠나게 하라
잠언 4:27

part 4

상처를
치유하시는
품

너의 잘못이 아니야

나의 자녀야,

상처로 아파하는 너를
위로하고 싶구나.

아픔을 너의 탓으로 돌리지 말아라.

네가 겪은 끔찍한 일은
너의 잘못이 아니란다.

너의 감정이 풀릴 때까지
화를 내도 괜찮아.

나는 너의 모든 감정을
기꺼이 받아줄 수 있단다.

나를 더 사랑했다면
쉽게 무너지지 않았을 거라고
단정하지 말거라.

너는 끔찍한 고통에서
살아남은 생존자란다.

아무 일도 겪지 않은 것처럼
너를 몰아세우지 말거라.
네가 살아남은 것만으로
나는 기쁘단다.

높은 기준으로 너를 억누르지 말거라.

나는 그저 살아 돌아온 네가
고마울 뿐이야.

사랑한다, 나의 자녀야.

예수께서 대답하여 이르시되
건강한 자에게는 의사가 쓸데없고
병든 자에게라야 쓸 데 있나니
내가 의인을 부르러 온 것이 아니요
죄인을 불러 회개시키러 왔노라

누가복음 5:31,32

너는 안전하단다

나의 자녀야,

말을 잇지 못하고 눈물만 흘리는
너를 보니 내 마음이 아프구나.

너의 이야기를 들어줄 사람이 없어
많은 날을 홀로 울었다는 걸 내가 안다.

너에게 필요한 건
남다른 통찰이나 조언이 아니란다.

답을 몰라서 괴로운 게 아니라
힘이 없어서 괴로운 거니까.

아무에게도 말할 수 없는 슬픔으로
너는 오랜 시간 고통받았지.

사람을 찾아다니면서
조언을 구하지 말거라.

그들이 너를 멀리하면
더 큰 외로움에 시달리게 된단다.

내게 와서 말하렴. 나는 안전하단다.

나는 차분히 너의 이야기를 듣고
실제적인 능력으로 너를 도와줄 거야.

너에겐 지금
슬픔을 쏟아낼 시간이 필요하단다.

너의 눈물은
메마른 세상의 단비가 될 것이며
다른 이의 아픔에 공감하는
바다 같은 사랑이 될 거야.

사랑한다, 나의 자녀야.

여호와께서는
모든 넘어지는 자들을 붙드시며
비굴한 자들을 일으키시는도다

시편 145:14

내 목소리를 들으렴

나의 자녀야,

너무 많은 걱정으로
네 몸이 상하고 있구나.

너를 짓누르는 모든 문제는
너의 내면에서 시작된단다.

너의 결핍은 사소한 문제를
크게 부풀려서 너를 압도하지.

너를 무기력하게 하고
네 의지를 꺾는단다.

네가 보는 현실은
있는 그대로의 현실이 아니란다.
네 관점은 결핍으로 왜곡되어 있단다.
진실을 알고 싶거든
나의 목소리를 들으렴.

네가 결핍의 목소리를 인식할 때
나의 목소리를 들을 수 있단다.

결핍이 하는 말을 주의 깊게 들어라.
그리고 내게로 가져와 되물으렴.

결핍이 하는 말은 전부 거짓이란다.
너에게 진실을 말해주고 싶구나.

내가 너의 모든 필요를 안다.
내가 전부 채워줄 것이다.
네 눈에 불가능해 보이는 일이라도
나는 거뜬히 해낼 수 있단다.

두려워 말아라. 나는 네 하나님이다.

사랑한다, 나의 자녀야.

여호와 그가 너와 함께 가시며
결코 너를 떠나지 아니하시며
버리지 아니하실 것임이라

신명기 31:6

너다운 인생을 살거라

나의 자녀야,

결핍에 속박된 채로
사람에게 이용당하며 살지 말거라.

내가 너에게 진정으로 바라는 인생은
가장 너다운 인생이란다.

나는 사랑 없는 복종을
강요하지 않아.

너의 기질과 성품대로 살아가는
인생을 반대하지 않는단다.

나는 너를 고유한 너로 창조했단다.

너 자신을
따뜻한 시선으로 바라봐 주렴.
깎아내리거나 미워하지 말아다오.

너의 사랑으로 사랑하면
빠르게 고갈되어 지쳐버릴 뿐이란다.

나의 사랑 안에서
차고 넘치는 기쁨을 누리거라.

나를 사랑하면
나의 진심을 알게 될 것이다.

네가 돌봐야 할 사람이 부담스러워
그를 피하고 싶다면
너를 먼저 돌봐야 할 때란다.

억지 순종으로
나와 다른 사람을 만족시키려는
부담에서 벗어나렴.

나는 너를 이용하기 위해
부른 것이 아니란다.

너를 사랑해서 자녀 삼았고
나의 사랑에는 조건이 없단다.

네가 어떤 모양으로 살지라도
나는 너를 버리지 않는단다.

나의 확고한 사랑 안에서
가장 너다운 삶을 살거라.

사랑한다, 나의 자녀야.

아버지께서 나를 사랑하신 것같이
나도 너희를 사랑하였으니
나의 사랑 안에 거하라

요한복음 15:9

아프게 해서 미안하구나

나의 자녀야,

만약 상처가 없었더라면
지금처럼 힘들지는 않았을 거라는
너의 말을 나는 부인할 수 없단다.

너를 아프게 해서 미안하구나.
감정이 풀릴 때까지 내게 말하거라.

너의 감정이 풀릴 수만 있다면
나는 백 번, 천 번이라도
받아줄 수 있단다.

내게 불평하고 화내도
너는 믿음 없는 자녀가 아니란다.

나를 사랑하지 않았다면
불평할 일도 없었을 거야.

너의 불평은 내게 기도로 들린단다.

내가 너의 눈물을 닦아주고
너를 위해 일할 거란다.

모든 문제를
혼자 해결하려고 하지 말거라.

너는 나의 자녀,
나는 너의 하나님이란다.

사랑한다, 나의 자녀야.

주께서 이미
나의 음성을 들으셨사오니
이제 나의 탄식과 부르짖음에
주의 귀를 가리지 마옵소서

예레미야애가 3:56

내가 너의 부모란다

나의 자녀야,

혼자서 외롭게
믿음을 지켜온 너를
위로하고 싶구나.

너를 위해 기도해 줄 부모가 없어도
나는 너를 차별하지 않는단다.

이제 막 믿음이 생긴 너에게도
더듬더듬 나를 알아가는 너에게도
나의 사랑은 동일하지.

너를 위해 기도해 줄 부모가 없다고
슬퍼하지 말거라.

내가 너를 위해
말할 수 없는 탄식으로
밤낮없이 기도한단다.

무엇으로도 너를 차별하지 않아.

내가 너를 자녀 삼았고
영원토록 너와 함께할 거란다.

사랑한다, 나의 자녀야.

아브라함이 우리 조상이라
말하지 말라 …
하나님이 능히 이 돌들로도
아브라함의 자손이 되게 하시리라

누가복음 3:8

너의 눈물을 닦아줄 거야

나의 자녀야,

수많은 걱정으로
잠 못 이루고 있구나.

고통스러운 현실에서 벗어나
일상을 되찾기를 바라는
너의 마음을 안다.

하지만 네 뜻대로 흘러가지 않는다고
절망하지 말거라.

할 수 있는 일과
할 수 없는 일을 구분해서
너는 너의 일을 하렴.
나는 나의 일을 할 거란다.

너는 그 과정에서 최선을 다할 뿐
결과를 통제할 수는 없단다.

너의 약함을 인정하고
나를 의지하렴.
모든 걱정을 내게 맡기고
편히 잠들거라.

내가 너의 눈물을 닦아줄 거야.
모든 문제를 해결해 줄 거란다.

사랑한다, 나의 자녀야.

저녁에는 울음이 깃들일지라도
아침에는 기쁨이 오리로다

시편 30:5

사람의 말로 너를 평가하지 마라

나의 자녀야,

너의 평판에 대해
말해주는 사람을 멀리하렴.

그의 말에 귀를 기울일수록
너는 작아지고 시야가 좁아져서

너를 좋아하는 사람과 싫어하는 사람이
양극단으로 나뉘어 보일 거란다.

너를 격려했던 사람이
가식적으로 보이고
동료의 미소가
비웃음으로 느껴질 거야.

사람에 대한 신뢰가 무너지면
너는 점점 고립될 수밖에 없단다.

할 수만 있다면
너의 평판에 대해 언급하는 사람을
두 번 다시 마주하지 말거라.

나는 너의 마음이
상하지 않기를 바란단다.

다른 사람이 너에 대해 뭐라 말하든
내게는 중요하지 않아.

나의 사랑 안에서
상한 마음을 돌보렴.

나의 인정 속에서
평판에 휘둘리지 않는
단단한 인생을 살렴.

사람의 말로 너를 평가하지 말고
나의 말씀으로 너를 소중히 여겨다오.

아무리 소중한 사람도
스쳐 지나가는 인연일 뿐이란다.

함께하는 동안
최선을 다해 그를 섬기고
떠나보낼 사람은 떠나보내거라.

잠깐의 인연에 연연하지 말거라.
내가 너와 일생토록 함께할 거란다.

사랑한다, 나의 자녀야.

두루 다니며 한담하는 자는
남의 비밀을 누설하나니
입술을 벌린 자를 사귀지 말지니라

잠언 20:19

나의 사랑으로 사랑해라

나의 자녀야,

너의 지친 마음을 위로하고 싶구나.

다른 사람을 돌보느라
지쳐가는 너를 보며 마음이 아팠단다.

다른 사람을 돌보듯이
너 자신을 돌보아 주렴.
네가 다른 사람을 소중히 여기듯이
내가 너를 소중히 여긴단다.

내가 너를 필요로 하는 이유는
그들을 위해서가 아니야.

너를 사랑하기 때문에
그들을 너에게 보냈단다.
그들을 돌보면서
나의 사랑에 공감해 주렴.

연약하고 힘든 가운데
사랑하는 것이 나의 사랑이란다.

지쳐 쓰러질 만큼
너를 방치하지 않길 바란다.

너의 성품으로 사랑하지 말고
나의 사랑으로 사랑하렴.
나는 네 안에서 넘쳐흐르는
생수의 강이란다.

너의 목마름을 먼저 해갈하고
다른 사람과 함께 나누거라.

나의 사랑은 마르지 않는단다.

사랑한다, 나의 자녀야.

누구든지 목마르거든
내게로 와서 마시라
요한복음 7:37

살아남기 위한 발버둥을 멈추렴

나의 자녀야,

살아남으려
발버둥 치지 않아도 된다.

두려움에 사로잡혀 온 힘을 다해
팔다리를 휘젓는 네가 안쓰럽구나.
그 모든 시도를 멈추어도
너는 가라앉지 않는단다.

한 사람도
실망시켜서는 안 된다는 너의 강박은
네 결핍에서 시작된 왜곡이란다.

네가 온 정성을 다해 노력해도
모든 사람을 만족시킬 수 없단다.

다른 사람의 비위를 맞추느라
너의 인생을 낭비하지 말아라.

너는 나를 기뻐하기 위해 창조되었단다.
나는 너를 바라만 보아도 기쁘단다.

나의 넘치는 사랑으로
너의 불안을 가라앉히고 차분해지렴.
나는 네가 호흡하는 모습마저
사랑스럽단다.

아무리 생존하려 시도해도
거센 물결을 거스를 수는 없단다.

발버둥을 멈추고 온몸의 힘을 빼렴.

푸른 하늘이 보일 것이고
잔잔한 물결을 따라 바다에 닿을 것이다.

사랑한다, 나의 자녀야.

여호와는 너를 지키시는 이시라
여호와께서 네 오른쪽에서
네 그늘이 되시나니
시편 121:5

가장 너다운 길로 인도할 거야

나의 자녀야,

네가 어린아이처럼
아무것도 할 수 없다고 말해도
나는 이해한단다.

힘없이 주저앉은 너를
나의 등에 업어 일으킬 것이다.
넓고 따뜻한 나의 등에 기대어
편안하게 쉬렴.

네가 가고 싶은 곳으로 데려가 줄 거야.
고삐를 끼운 망아지처럼
억지로 이끌지 않을 거란다.

네가 원하는 방법으로
가장 너다운 방식으로 이끌 것이다.

네가 멀리 돌아가고 싶어 하면

나도 함께 그곳으로 갈 거란다.
너의 꿈은 너만을 위한 게 아니기에
나는 우리의 꿈을 기필코 실현할 거란다.

나는 너에게 고유한 재능을 주었지.
세상이 정해놓은 틀에 갇히지 말거라.
편견에서 벗어나 나를 바라보렴.

나는 남들이 가지 않는 길로
너를 이끌 거야.
너는 날개를 활짝 펴고
하늘 높이 날아오를 거란다.

네가 진정으로 원하는 삶을 살아라.
나의 모든 능력으로 너를 도울 것이다.

사랑한다, 나의 자녀야.

내가 너희를 품을 것이라
내가 지었은즉 내가 업을 것이요
내가 품고 구하여 내리라

이사야 46:4

자유를 선물하고 싶구나

나의 자녀야,

다른 사람을 위해
희생하며 살아온 너를
위로하길 원한다.

너 자신을 위해 살고 싶다며
눈물짓는 그 마음을 내가 안다.

네가 무슨 일을 겪었는지
얼마나 고통받으며 살아왔는지
내가 자세히 안단다.

너는 지금까지 네가 할 수 있는
모든 수고를 감당했지.

이제 너를 위한 인생을 살아도
아무도 너를 비난할 수 없단다.

너를 짓누르는
모든 부담에서 벗어나렴.

네가 감당할 수 없는
막중한 인생의 무게를
나에게 건네렴.

내가 너를 대신해서 짊어질 거란다.

잠시라도 허리를 펴고
마음 편히 숨을 내쉬거라.

지금껏 버티고 견뎌온 시간이
결코 헛되지 않단다.

나는 너의 능력을 초월해
너의 운명과 환경을 바꿀 거야.

평생을 착한 아이로 살며
사람에게 잘 보이려 애쓴 너에게
자유를 선물하고 싶구나.

착한 자녀가 아닌
진실한 자녀로 살아가렴.

너의 생각과 감정을 솔직하게 말하렴.

처음에는 서툴고 어색해도
너는 결국 해낼 거란다.

사람이 떠나가는 것을 두려워 말거라.
내가 항상 너의 곁에 있단다.

사랑한다, 나의 자녀야.

주는 영이시니
주의 영이 계신 곳에는
자유가 있느니라

고린도후서 3:17

나를 바라보면 담대해질 것이다

나의 자녀야,

너를 둘러싼 환경만 보고
할 수 없다고 단정하지 말거라.

현실을 바라보면 위축되고
나를 바라보면 담대해질 것이다.

결핍과 상처에 갇혀
너의 능력을 제한하지 말거라.
너는 아직 너의 가치를 모른단다.

내가 너를 세상에 보낸 이유를 깨달으렴.

극적인 반전으로
인생을 변화시키려는 욕심을 버리거라.

나는 잔잔한 바람으로 너를 이끌 거야.
너는 한 걸음씩 나아가고 있단다.

성공과 실패로 일희일비하지 말거라.
한 치 앞이 아닌 멀리 보며 꿈을 꾸거라.
네가 진정 원하는 삶을 상상하거라.

꺾이고 상한 너의 심령에
내가 새로운 바람을 불어넣을 거란다.
깊게 숨을 들이마시며
나와 함께 호흡하렴.

너의 생명은 나의 것이며
너는 나와 함께 존재한단다.

네가 할 수 없다고 말할 때
나는 나의 일을 펼칠 것이다.

사랑한다, 나의 자녀야.

여호와 하나님이
땅의 흙으로 사람을 지으시고
생기를 그 코에 불어 넣으시니
사람이 생령이 되니라

창세기 2:7

너의 기도에 응답할 거란다

나의 자녀야,

복받친 감정으로
말과 울음이 뒤섞인 너의 기도를
내가 귀 기울여 들었단다.

무슨 말을 했는지조차
기억나지 않아도
걱정하지 말거라.

너의 진심을 내가 안다.
너의 기도에 내가 응답할 것이다.

스스로 기도를 평가하지 말거라.
나는 수준 높은 기도를 원하지 않는단다.

엉엉 울다가 끝나버린 기도라도
나는 알아들을 수 있지.

어린아이 같은 너의 기도를
나는 몹시 기뻐한단다.

내게로 나아오렴.
내가 너를 위로할 거야.

사랑한다, 나의 자녀야.

너희는 여호와를
만날 만한 때에 찾으라
가까이 계실 때에 그를 부르라

이사야 55:6

사람의 비위 맞추기를 멈추거라

나의 자녀야,

네가 절박하게 사람을 찾는 이유는
외로운 감정을
혼자 감당하지 못할 거라는
왜곡된 생각에서 시작된단다.

너는 관계의 희생양이었지.

너의 희생이 오랜 시간
당연하게 여겨졌단다.

너는 도움받는 게 어색하고
도움이 필요한 사람을 만나면
외면할 수 없는 강박을 가졌단다.

사람의 비위를 맞추는 방식으로
관계를 유지하지 말거라.

너의 희생을 당연시하는
사람들과 멀어지거라.
그들이 떠나갈까 두렵겠지만
용기를 내어 떠나보내거라.

그들로부터 너 자신을
지켜내야 하니까.

나의 사랑 안에서 굳건하게
가장 너다운 모습으로 살아가렴.

해로운 사람을 떠나보낼 때
소중한 사람들이 채워질 거야.

사랑한다, 나의 자녀야.

너는 사람과 더불어
손을 잡지 말며
남의 빚에 보증을 서지 말라

잠언 22:26

너 자신을 지켜내렴

나의 자녀야,

사람의 시선이
끊임없이 의식되는 건
어쩔 수 없단다.

다른 사람들은 모두 괜찮을 거라고
단정하지 말거라.
사람의 시선을
신경 쓰지 않는 사람은 없단다.

다만 네가 긴장 속에
오래 머물지 않기를 바랄 뿐이야.

너를 비난하는 말 한마디,
불편한 시선 하나에 몰두하지 말거라.

어긋난 관계의 탓을
너에게 돌리지도 말거라.

관계는 항상 어렵단다.
상대방이 있기 때문이지.
상대방의 잘못까지 끌어안고
자책하며 괴로워 말거라.

모든 사람과 잘 지내고픈
너의 소망을 이해한단다.

불편하고 어색한 관계를 견디지 못하는
너의 내면을 살펴보렴.
네 안에 아직 해결되지 않은
억울함이 있단다.

원인도 이유도 모른 채
모두에게 거절당했던 너의 과거를
나는 기억한단다.

너의 고립은 너의 잘못이 아니야.
너는 살려는 몸부림으로
포기하지 않고 여기까지 왔단다.

다른 사람의 감정보다
너의 감정을 소중히 여기렴.

다른 사람이 불편할까 걱정하며
너의 소중한 시간을 낭비하지 말거라.

사람의 인정이 없을지라도
너는 나의 사랑스러운 자녀란다.

해로운 관계로부터
너 자신을 보호하고 지켜내렴.

너는 이미 최선을 다했다.
아무도 너를 비난할 수 없단다.

사랑한다, 나의 자녀야.

악인은 입술의 허물로 말미암아
그물에 걸려도
의인은 환난에서 벗어나느니라
잠언 12:13

너는 치유될 거란다

나의 자녀야,

너의 죄를 해결하고
나를 만나야 한다는 말은
거짓이란다.

너는 혼자서 죄를 해결할 수 없단다.
있는 모습 그대로 나아오렴.

나의 사랑으로
너의 모든 죄를 씻을 것이다.

나의 은혜로
너의 수치를 가리고
모든 허물을 덮을 것이다.

네가 무기력하게 엎드려 울던 날,
나의 마음이 찢어질 듯 아팠단다.

너를 고통 속에 두어 미안하구나.
너의 마음이 풀릴 때까지
내가 곁에 있을 거란다.

결핍이 하는 말에 속지 말거라.
너의 잘못이 아니야.

차갑게 식어버린 너의 마음을
나의 따뜻한 손길로 어루만져 줄 거란다.

어두운 네 마음속에
눈부시게 밝은 빛을 비춰줄 거야.

포기하지 말거라.
너는 곧 치유될 것이다.

사랑한다, 나의 자녀야.

나의 죄를 씻어주소서
내가 눈보다 희리이다

시편 51:7

억울함을 풀어줄 것이다

나의 자녀야,

네가 얼마나 속상한지 안다.
내가 너의 억울함을 풀어줄 거야.

진실을 밝혀내기 위한
너의 시도는 결코 헛되지 않단다.

온 힘을 다해 거짓과 맞서 싸우거라.
굽은 길을 곧게 펴듯
잘못된 일을 바로잡거라.

거짓을 지어내어 퍼뜨리는 자들과
거짓에 현혹되어 악행에 동참하는 자들을
내가 반드시 심판할 것이다.

너의 잃어버린 자존과 명예를
회복시켜 줄 거야.
너의 잃어버린 시간을 보상해 줄 거란다.

온 세상이 너를 짓밟을지라도
너를 지키고 보호하며
너를 위해 싸울 것이다.

아무도 보는 사람이 없을 때
두려움에 벌벌 떠는 너를 안다.

내가 너의 손을 꼭 붙잡고
떨리는 마음을 진정시킬 것이다.

나를 믿으렴. 내가 너의 하나님이다.

진실은 밝히 드러날 것이고
내가 너의 억울함을 풀어줄 거란다.

사랑한다, 나의 자녀야.

나를 핍박하는 자들에게서
나를 건지소서
그들은 나보다 강하니이다

시편 142:6

너에게 기적을 보게 할 거야

나의 자녀야,

소망 잃은 너를 위로하길 원한다.
너는 이대로 끝나지 않는단다.

모든 사람이 절망할지라도
희망의 끈을 놓지 말거라.

나를 바라봄으로
두려운 감정을 다스리거라.

모든 사람이 실패라고 결론 지어도
눈을 들어 나를 바라보렴.

나는 살아있는 하나님이다.
너의 절박한 문제를 해결하기 위해
지금 여기 너와 함께 있단다.

두려워하지 말아라.

너의 절망은 희망으로 바뀔 거란다.
너는 기적의 당사자이며 목격자가 될 거야.

현실을 인식하되 매몰되지 말거라.
그랬다가는 너의 시선과 생각이
네가 두려워하는 현실에 갇힐 뿐이란다.

너의 계산으로 돌이키기에 늦었다고
판단하지 말거라.
나는 늦지 않았고
오늘 너를 위해 기적을 일으킬 거란다.

나를 바라보렴.
마음이 평안해지고
절박한 문제가 해결될 것이다.

사랑한다, 나의 자녀야.

예수께서 들으시고 이르시되
두려워하지 말고 믿기만 하라
그리하면 딸이 구원을 얻으리라

누가복음 8:50

독립적인 네가 되기를 원한다

나의 자녀야,

나의 사랑을 의지하여
올바로 서서
오늘 하루를 살아내렴.

네가 마주하는
사람들의 태도와 말투로
너의 감정이
상하지 않기를 바란다.

사람들이 저마다의 사정으로
불의를 합리화할 때
너는 순응하지 말거라.

서로를 짓밟는 경쟁 속에서
네 귀에 들려오는
온갖 이간질을 분별하거라.

사람들에게 휘둘리지 않는
독립적인 네가 되기를 원한다.

혼자가 되는 것을
두려워하지 말거라.
온전한 너로 살아가기 위해서는
외로워야 한단다.

깊은 외로움 속에서
나의 무한한 사랑을 경험하렴.

힘과 권력, 이간질에
휘둘리지 않는 단단함을 가지렴.

네가 홀로 든 촛불은
어둠 속에서
더욱 밝게 빛날 거란다.

두려워 말거라.
아무도 너를 해할 수 없다.

온전한 너로 담대히 살아가렴.
내가 너와 함께할 것이다.

사랑한다, 나의 자녀야.

여호와는 내 편이시라
내가 두려워하지 아니하리니
사람이 내게 어찌할까

시편 118:6

눈물을 참지 말거라

나의 자녀야,

수시로 찾아오는 슬픔은
너의 잘못이 아니란다.

성숙하고 강한 자녀로
나에게 인정받으려 애쓰지 말거라.

너의 감정을 내 앞에서 편히 쏟아내렴.

슬픔을 잊기 위해
바쁜 일상으로
너 자신을 몰아세우지 말거라.

너의 몸과 마음이 상할까 걱정스럽단다.

다 지난 일이라며
애써 괜찮은 척, 의연한 척
억지로 눈물을 참지 말거라.

울고 싶은 날에는
어린아이처럼 마음껏 울어다오.

내가 너의 모든 감정을
받아줄 것이고
너의 아픔을 치유할 거란다.

사랑한다, 나의 자녀야.

내가 지존하신 하나님께 부르짖음이여
곧 나를 위하여 모든 것을 이루시는
하나님께로다

시편 57:2

사람에게 매달리지 마라

나의 자녀야,

너를 칭찬하는 사람으로 인해
기뻐하지 마라.

너를 비난하는 사람으로 인해
낙심하지 마라.

사람은 연약해서
갈대처럼 흔들리는 존재란다.

너에게 잘해주는 사람이라고 해서
온 마음을 내어주지 말거라.
오늘 너의 곁에 있는 사람이
내일 너를 떠날 수 있단다.

너의 결핍으로
사람에게 애원하듯 매달리지 말거라.

버려질지라도
다시 일어설 수 있을 만큼
적당한 거리를 유지하렴.

너에게 안전한 존재는
오직 나뿐이란다.

나의 사랑은 어제나 오늘이나
영원토록 동일하지.

나에게 머물며 평안하렴.
내가 너를 지켜낼 것이다.

사랑한다, 나의 자녀야.

예수 그리스도는
어제나 오늘이나
영원토록 동일하시니라

히브리서 13:8

외로운 감정에 익숙해지렴

나의 자녀야,

사랑을 구걸하지 말거라.

네가 조급하면
너를 착취하는 사람을
만나게 된단다.

사람을 의지하는 대신
나를 의지하고 바라보렴.

견디기 힘든 외로움이라도
참아내야 한단다.

외로움이 너를 찾아올 때
대안을 찾지 말거라.
외롭지 않으려는 너의 욕구는
너를 더욱 외롭게 한단다.

때로는 너의 곁에
아무도 없는 게 유익이란다.
홀로 나를 만나는 시간 속에서
외로운 감정에 익숙해지렴.

네가 누구를 만나든
외로운 감정이
즉시 해소되지 않을 거야.

잠깐의 즐거움을 위해
너의 인생을 낭비하지 말거라.

너는 혼자가 아니란다.
내가 너와 함께할 것이다.

사랑한다, 나의 자녀야.

여호와께서는
자기에게 간구하는 모든 자
곧 진실하게 간구하는 모든 자에게
가까이하시는도다

시편 145:18

기쁨을 빼앗기지 마라

나의 자녀야,

너를 비난하는 사람 때문에
괴로워하지 말거라.
너를 싫어하는 사람은
어디에나 있단다.

교회도 완벽한 사람들이
모인 곳이 아니기에 마찬가지지.

아프고 모나고 상처 입은 사람들이
나의 이름으로 모여
한몸으로 사랑하는 곳이 교회란다.

교회 안에서 도덕적 이상을
기대하면 실망한단다.

너를 험담하는 사람들로 인해
너의 기쁨을 빼앗기지 말거라.

사람으로 인해 기뻐하지 말고
나로 인해 기뻐하렴.

아무리 노력해도
너를 험담하는 사람을
바꿀 수는 없단다.

험담이 두려워서
사람의 눈치를 보며
네가 아닌 모습으로
살아가지 말거라.

나의 인정을 바라고
나의 사랑으로 섬기거라.

왜 나만 참고 희생해야 하냐는
너의 반문에 공감한단다.

억지로 희생하지 말고
받은 은혜만큼만 섬기거라.
마음에도 없는 섬김을
나는 기뻐하지 않는단다.

너를 흠 잡고 비난하는 사람들은
이미 오래전에 기쁨을 잃었단다.

복음으로 누리는 기쁨을 상실하고
험담하는 재미로 살아가는 사람들에게
너의 기쁨을 빼앗기지 말거라.

나를 바라보며 기뻐하렴.
내가 너의 진심을 안다.

사랑한다, 나의 자녀야.

패역한 자는
다툼을 일으키고
말쟁이는 친한 벗을
이간하느니라

잠언 16:28

주님의 품

초판 1쇄 발행   2024년 4월 1일

지은이   김유비

펴낸이   여진구
책임편집   김아진 정아혜
편집   이영주 박소영 최현수 안수경 김도연
책임디자인   조은혜 노지현 | 마영애 이하은
홍보·외서   진효지
마케팅   김상순 강성민   마케팅지원   최영배 정나영
제작   조영석 허병용   경영지원   김혜경 김경희

303비전성경암송학교 유니게 과정
이슬비전도학교 / 303비전성경암송학교 / 303비전꿈나무장학회

펴낸곳   규장

주소   06770 서울시 서초구 매헌로 16길 20(양재2동) 규장선교센터
전화   02)578-0003   팩스   02)578-7332
이메일   kyujang0691@gmail.com   홈페이지   www.kyujang.com
페이스북   facebook.com/kyujangbook   인스타그램   instagram.com/kyujang_com
카카오스토리   story.kakao.com/kyujangbook
등록일   1978.8.14. 제1-22

책값   뒤표지에 있습니다.
ISBN   979-11-6504-519-7 03230

규 | 장 | 수 | 칙

1. 기도로 기획하고 기도로 제작한다.
2. 오직 그리스도의 성품을 사모하는 독자가 원하고 필요로 하는 책만을 출판한다.
3. 한 활자 한 문장에 온 정성을 쏟는다.
4. 성실과 정확을 생명으로 삼고 일한다.
5. 긍정적이며 적극적인 신앙과 신행일치에의 안내자의 사명을 다한다.
6. 충고와 조언을 항상 감사로 경청한다.
7. 지상목표는 문서선교에 있다.

하나님을 사랑하는 자 곧 그의 뜻대로 부르심을 입은 자들에게는 모든 것이 合力하여 善을 이루느니라(롬 8:28)